젠더로 보는 행복론

정혜경 지음

신아사

정혜경

동아대학교 영어영문학과 졸업
중앙대학교 예술대학원 문학예술학과 석사과정 졸업
부산대학교 국어국문학과 대학원 박사과정 졸업
한국작가회의 회원, 부산작가회의 부회장, 요산기념사업회 이사,
부산소설문학상, 부산여성문학상, 봉생문화상(문학부문)을 수상했다.
현재 동의대학교 기초교양대학 문학인문학부 교수

저서 및 논문

1995년《국제신문》신춘문예에 단편소설「나사말의 노래」당선
중단편 소설집『맨해튼의 꽃신』,『나사말의 노래』,『방울토마토』
장편소설『죽은 나무는 그늘이 없다』,『칠월의 눈』,『야누스의 도시』,
『사라진 이름』,『바람고개의 봄』
여러 장르의 작품이 수록된 글쓰기 이론서『다양한 글쓰기의 이론과 실제』
장애우 가족의 글과 생활상을 엮은 수필집『천사들의 편지』
논문 모음집으로『텍스트에 나타난 여성 정체성의 변모과정』,
『텍스트에 나타난 인물과 사회의 연관성 연구』등이 있다.

젠더로 보는 행복론

초판 1쇄 발행 _ 2018년 1월 10일

저 자 · 정 혜 경
발행인 · 정 현 걸
발 행 · 신 아 사
인 쇄 · 토탈프로세스
주 소 · 서울특별시 은평구 통일로 59길 4 (2층)
전 화 · (02) 382-6411 **팩스** · (02) 382-6401
홈페이지 · www.shinasa.co.kr
E-mail · shinasa@daum.net
출판등록 · 1956년 1월 5일(제9-52호)

ISBN: 978-89-8396-248-5(03330)

정가 *12,000* 원

프라임 동의 인문교양 총서
이 저서는 교육부의 산업연계교육활성화선도대학(PRIME)사업 사업비를 지원받아 집필한 저서임

여는 말

4차 산업혁명의 시대에 진입한 21세기의 가장 두드러진 특징은 인공지능으로 무장한 기계인간과 함께 지내야 한다는 사실이다. 나보다 나를 더 잘 아는 기계의 지시를 받아야 하는 일상은 유쾌할 수가 없다.

스티븐 스필버그의 영화 〈마이너리티 리포트(MINORITY REPORT)〉에서 벌어졌던 2060년대의 이야기들이 하나 둘 실현되고 있는 현실과 마주하는 일 또한 썩 내키지 않는 일이다. 이는 인간의 마음속에는 누구나 삶을 여유롭게 즐기면서 내 삶의 주인은 내가 되고 싶은 본능이 자리하고 있기 때문이다.

내 삶에서 나만 주인공이 되고 싶은 욕망은 누구에게나 존재한다. 그렇기에 남자와 여자가, 혹은 강자와 약자가 같은 공간 안에서 살아가야 하는 현실 속에서 누군가 더 과도한 욕망을 분출해 내는 이가 있다면 갈등으로 인한 불협화음은 생기게 마련인 것이다.

그러나 다행스럽게도 세상은 조금씩이나마 바람직한 방향으로 변화해가고 있다. 변화를 이끈 원인은 여러 측면에서 살펴볼 수 있을 것이다. 쌍방향의 소통을 위한 자리를 만드는 데에 기여한 인터넷 또한 핵심적인 역할을 수행해 왔다. 물론 그 빛나는 성취만큼 그늘이 없는 것은 아니다. 그러나 사람이 아닌 기계적인 시스템이라 할 인터넷이 노벨 평화상 후보에까지 오른 것은 재난의 상황에서 그 어떤 국가의 시스템보다 신속하게 구호의 손길을 보낼 수 있어서 인명의 피해를 막을 수 있었기 때문이다. 최악의 상황에 대한 정보 또한 공유되어 나쁜 짓을 저지른 자를 응징하고 다수의 힘으로 선행을 베푸는 일이 동시다발적으로 가능해졌다.

덕분에 기업을 경영하는 기업주인 갑의 횡포나 억울한 상황에 놓인 을의 사정도 공유할 수 있게 되었다. 진실이 밝혀지는 세상으로 이행해 나가는 과정도 예전보다는 나아진 것이다. 시간은 좀 걸리겠지만 억울하거나 바람직하지 못한 방향으로 일이 진행된 곳은 그 진위가 밝혀질 것이다. 인터넷으로 세계가 하나 되는 세상은 비록 그늘이 없는 것은 아니나 진실을 밝히는 데에는 희망을 가질만한 환경을 조성하는 빛을 가지고 있기 때문이다.

글로벌화에 대한 이견이 많아서 인터넷의 폐해와 함께 그 빛과 그늘에 대한 의견은 분분하다. 그러나 서로 다른 생각의 소유자들이 한자리에 앉아서 소통할 수 있다는 것만으로도 더 나은 세상에의 희망은 품어볼 만한 것이다.

특히 중국과 우리나라를 비롯한 아시아의 여러 나라들에서는 뿌리 깊은 유교적 가부장제도의 전통이나 남성들의 의도적인 몰이해로 인해 여성들의 삶이 피폐해지고 억압받았던 사례들은 잘 알려져 있다. 그러나 현재의 중국과 우리나라를 비롯한 대부분의 나라에서는 그 폭력적인 현장으로부터 거리를 두고 조금씩 떠나오는 중이다.

일상에서나 법제도의 측면에서도 조금씩 변화되고 있고 또한 많은 사람들이 이에 공감할 수준으로 의식의 변모를 보이고 있는 것도 사실이다. 그러나 아직도 세상의 곳곳에서는 가진 자에 의한 수많은 폭력이 자행되고 있는 것 또한 외면할 길 없는 불편한 진실이다.

로마 시대를 대표하는 스무 명의 철학자 중에서 유일한 여성이었던 히파티아는 대주교 키릴루스에 의해 죽임을 당했다. 굴의 껍질인 오스트라코이스(Ostrakois)로 살아 있는 히파티아의 피부를 벗겨내는 사형을 집행했던 당대의 사제들에 대해 지금의 기독교도들은 히파티아의 살해는 기독교 역사상 가장 추악한 사건이라 말한다.

일찍이 역사에 기록된 중세의 과학자 히파티아의 예를 보더라도 서로 다른 존재들이 한 자리에 앉기란 쉬운 일이 아니다. 아인슈타인도 세상의 무한한 것에 대해 두 가지를 들면서 그 하나는 우주요, 또 하나는 인간의 무지라고 했다. 위대한 영혼은 항상 무지에서 오는 폭력적인 반대파를 만나게 된다는 것이다. 히파티아도 그런 무지한 반대파에 의해 희생당한 여성이었다. 역사가들은 기독교도에 의해 415년 히파티아가 죽은 사건을 중세 암흑기의 서막을 알리는 신호탄이었다고들 말한다.

히파티아의 죽음과 함께 당대 세계 최대의 학문의 요람이었던 알렉산드리아가 잿더미가 되고 50만 권의 장서가 사라져버렸다. 기독교인들은 학자들을 죽이고 도서관을 불태웠다.

인간의 역사는 이렇듯 끊임없는 변화를 이끌어왔다. 그러한 변화의 바탕에는 인간의 삶이 그러하듯 서로 다른 환경에 처해 있음에도 불구하고 정치·경제·사회·문화적인 모든 관계들이 유기적으로 얽혀 있었기 때문이다. 가시적인 사건 하나하나마다 그 이면에는 많은 진실이 숨겨져 있기에 오늘날에 이르러서도 젠더의 문제 역시 조금 더 가까이에서 조명해 보면 만족할 만큼 저마다의 자리를 안정적으로 확보하고 있다고 보기 어렵다.

유럽에서도 17세기의 여성들은 남성의 소유물로 분류되었을 만큼 인격적으로나 제도적으로 존중받는다는 것은 상상하기 어려웠던 현실이었다. 그러한 박탈적 상황이 극에 달함으로 인해 프랑스의 대혁명을 낳을 수 있었던 것이고, 이후의 정치적 변화와 전쟁을 겪으며 여성의 지위는 미미하게나마 변화해갔다. 지금의 각 나라의 법과 제도에 이르기까지 무수한 대가를 치렀고 조금씩 나아졌다는 것이지 전 세계적으로 수많은 차별과 억압으로 인한 폭력적인 상황은 여전히 상존하고 있다.

퓰리처상, 전미도서상, 앤드루카네기상을 받았으며 출간하는 책들이 대부분 베스트셀러가 되고 있는 하버드 출신의 작가 콜슨 화이트헤드는 '돈과 명예를 다 가진, 성공한 당신도 차별을 받고 사느냐'는 질문에 '당신이 상상할 수 있는 모든 차별을 받았다. 성공을 하든 말았든 나는 흑인이다. 이것은 돈과 명예와는 상관이 없다'고 말했다.

그의 말에서 우리는 민주주의 역사가 1776년 독립 이후 어언 이백오십 년 가까운 시간 동안 이행되어 온 미국이라는 사회에서도 흑인으로 상징되는 약자들은 여전히 차별을 받고 있다는 사실을 알 수 있다. 미국의 의료보험제도의 허점으로 치과 진료를 받지 못해 죽음을 맞이해야 하는 사람이 허다하다는 것이 이러한 상황을 잘 말해주고 있다 할 것이다.

대한민국의 현실도 크게 다르지 않다. 21세기를 살고 있는 지금까지도 국가의 주요한 책무를 맡은 여성에게 문제가 생기면 '암탉이 울면 집안이 망한다.'고 말하는 댓글이 수없이 달린다. 심지어는 '여자 셋이 모이면 그릇이 깨진다.'는 말 역시 여전히 통용되고 있으며, '여혐'의 문제가 끊임없이 논쟁의 주제가 되고 있기 때문이다. 여성을 인격적인 존재로 생각하기 어렵다고 당당하게 말하는 작가도 있고 그의 책이 잘 팔리고 있으니 우리의 현재적 상황은 아직도 끝없는 전근대적 논쟁을 벌일 수밖에 없는 것이다. 참으로 소모적인 사안들이지만 그러한 인식의 수위는 여전히 피해자를 양산해 내고 있다는 사실 또한 피할 길 없는 우리의 현실이다.

젠더의 문제는 여권론적 입장에서의 논의가 아니라 남녀가 함께 해결해 가야 할 문제이다. 그러므로 왜곡되고 비어 있었던 인류의 문화를 바람직한 공존의 방향으로 성찰하는 데에 기여하고자 하는 입장에서 젠더의 문제를 살펴보아야 하는 것이다. 이 자리에서는 역사적 상황을 살피기 위해 통시적인 관점으로도 보았고, 소설 속 남성 인물과 여성 인물만을 들여다보기도 했다. 일제 강점기에서 산업화 시대를 지나 오늘날에 이른 한국여성들의 삶과, 제 3세계 여성의 비극과 흑인과 백인의 문제까지 소설 속, 혹은 영화나 드라마 속 인물을 중심으로 살펴보았다.

다양한 텍스트들을 다루었을 뿐 총망라하여 살펴보았다고 논하기에는 그 양과 질에 있어서 한없이 부족하다. 다만 이러한 지면을 계기로 우리 주변에서 간과되고 있는 젠더의 문제를 찾아내어 살펴보고 남성이든 여성이든 모두가 행복한 삶으로 나아갈 방안에 대해 고민해 보는 계기를 마련하는 데에 그 의의를 두고자 한다.

이러한 자리를 위해 애써주신 모든 분들께 감사의 마음을 전한다.

2017년 12월

저자 정혜경

젠더로 보는 행복론

차례

3. 다양한 텍스트에 투시된 젠더의 양상

젠더로 보는 행복론

1

젠더로 보는 행복

에로스와 프시케

신화 속의 이야기이긴 하지만 그리스 로마인들은 인간 파리스의 손을 들어주었다. 모든 것을 버리고 사랑을 선택한, 아니 사랑을 위해 모든 것을 버릴 수 있었던 그의 용기에 찬사를 보낸 것이다. 이에 비하면 동양적 가치관은 사랑을 바라보는 각도가 서양 사람들과는 아주 다르다. 그러나 〈동방불패〉라는 영화를 들먹이지 않더라도 모든 것을 얻고 사랑을 잃었을 때의 허망함이란 사형선고와 다를 바 없음을 앞서 간 많은 이들이 한숨 쉬며 노래했다. 또한 열정적 사랑을 상징하는 에로스와 이성적 마음을 의미하는 프시케가 얼마나 많은 시련을 겪고서야 만남을 이루었는지에 대해서도 우리는 잘 알고 있다. 이처럼 인류의 삶이 시작되고 소멸하는 순간까지 그 누구라도 예외 없이 휘둘리게 될 불변의 명제는 아마 사랑일 것이다. 동양과 서양의 모든 문화가 그러했듯 시대를 초월하여 한 목소리로 사랑의 고귀함을 노래해 왔다.

세계를 바꾸는 것은 행위가 아니라 인식이다. 사랑하는 대상을 중심으로 한 소우주 역시 다르지 않다. 시간은 어떤 곳을 어떻게 흘러가든 제 궤도를 유지한 채 흘러가지만 인간이란 연약한 꽃은 잠시만 피어 있을 뿐 반드시 멸한다. 사랑은 알려진 것처럼 행복하거나 달콤

한 화해가 아니라 실은 더 깊은 갈등의 또 다른 얼굴에 지나지 않는다. 연애의 감정이란 터무니없이 멋져 보이던 상대에 대한 절망과 함께 끝이 나기 때문이다. 어리석은 사랑은 늘 사랑만을 갈구하고 상대의 희생적 사랑조차 끝없이 바라기만 할 뿐 배려하지 못한다. 결국 스스로가 비웃음의 대상이 될 때까지 교만한 행동만을 되풀이한다. 온몸이 눈이었음에도 아무 것도 보지 못한 그는 생의 벼랑 끝에서 추락하는 순간에야 때늦은 후회를 하며 사랑의 실체를 깨닫게 된다. 무채색의 대상에 부여되기 시작한 의미와 함께 무언가가 생겨나게 만드는 것 또한 사랑의 능력이다. 강렬한 빛은 더해졌지만 이미 때는 늦어 있다. 인간의 어리석은 선택은 생의 찬란한 보배를 가차 없이 버리도록 부추긴다는 사실을 망각한 대가이다. 결국 서글픈 용서와 화해 속에 다시는 만나지 않으리라는 국적불명의 언어를 말하며 먼 길의 여정을 준비할 수밖에 없는 현실에 놓이게 된다. 세월이 흘러 붉은 뺨의 어린 날이 망각의 두터운 막을 찢고 되살아난 어느 순간 변모되고 풍화하여 바래버린 상대를 보며 그토록 긴 세월 어리석은 재회를 기다리며 살아왔다는 사실을 깨닫게 될 때가 있다. 대부분의 서글픈 첫사랑은 그제야 비로소 끝이 난다. 한때는 뜨거운 열정으로 활기찬 피돌기를 하던 대상이 탁한 피가 되어 말라붙어 버렸다는 사실을 통감하게 되는 것이다. 이토록 인간은 끝없는 실수와 어리석은 선택을 되풀이하면서도 다양한 사랑을 갈구한다. 사랑이 곧 사형선고가 되어 혼백이 영영 떠나버린다 해도 누가 사랑을 마다하겠냐고 노래한 시인은 부지기수다. 지나가버린 사랑은 결코 돌아오는 법이 없다. 그러니 남겨진 존재는 서글픈 애가를 부르며 시름을 달랠 수밖에 없는 것이다.

샤르트르는 개처럼 쫓기고 모욕을 받았던 나치 점령기가 나날의 일상에서 자유의 본질과 조우할 수 있었던 어느 때보다 자유로웠다고 술회한 적이 있다. 총체적 부자유의 시간이 오히려 자유를 얻게 해주었다는 것이다. 그러한 인식의 자유와도 같은, 우리 안의 보배를 찾아내기란 쉬운 일이 아니다. 세상 모든 일은 나에게서 시작되고 나에게서 끝이 난다. 나는 내 삶의 조물주요, 주인공인 것이다. 내 안의 상처와 치명적인 장애를 보석처럼 여기고 껴안지 않는다면 에로스와 프시케의 만남과도 같은 행복한 결말은 결코 내 것이 될 수 없음은 자명한 이치이다. 진실한 사랑은 나를 세우려는 이기적인 욕망, 병든 욕망을 버리는 순간에만 찾아오는 신의 축복인 것이다.

모성신화의 그늘

수많은 예술가들이 어머니를 노래해 왔다. 원시시대는 모계 사회였으니 제외한다 하더라도 여자가 물건처럼 사용되고 늘 천시되었을 때도 어머니의 희생정신만은 숭고하게 자리매김 되었다.

마늘과 쑥으로 연명하여 사람이 된 웅녀의 인내와 함께 고려장에 관한 이야기에서도 어머니는 빠지지 않는다. 아들이 어머니를 업고 산속으로 들어가는데 어머니는 내려갈 아들이 길을 잃지 않도록 가지를 꺾어 버린다. 열세 살 무렵에 그 이야기를 읽었는데 어머니를 죽게 만드는 자식도 이해되지 않았고 바르지 못한 선택을 하고 있는 자식을 훈계하지 않는 어머니도 못마땅했다.

그즈음에 할머니의 죽음을 마주했다. 할머니는 아침 마다 하루도 빠짐없이 부뚜막의 조왕님께 가족의 안녕과 함께 '잠결에 딸깍 죽을 수 있도록' 해달라고 기도했다. 그리고 그 소원을 이루었다. 그날은 아주 무더운 방학 중의 하루였다. 여느 때처럼 아침 일찍 일어나 집 안팎 청소며 쌀벌레를 가려내기 위해 체로 쌀을 '까불어' 놓은 뒤 텔레비전을 보며 낮잠이 들었는데 그것이 마지막이었다. 갑작스러운 죽음이었기에 너무 슬픈 충격이었다. 하지만 지금 생각해 보면 죽음의 복만은 소원대로 받은 것이며, 그 또한 드문 복임을 깨닫게 된다. 이해할 수 없었던 할머니의 기도는 자식에게 짐이 되지 않으려는 어머니의 마음이었던 것이다.

부모라면 누구나 자식들이 호의호식하며 안락한 삶을 살았으면 하는 마음을 품게 된다. 그러나 일제치하와 전쟁과 독재시절에 국가를 신뢰하지 못하며 살아야 했던 우리의 부모들은 사람으로서의 도리보다는 내 자식이 억울한 일을 당하지 않고 행세하기를 바라는 마음 때문에 혼란 속에서 자식들을 양육해야만 했다. 불행하게도 우리나라는 인구 밀도가 너무 높아서 치열한 경쟁을 피할 수가 없다. 그래서 치맛바람으로 가열되기 시작한 어머니의 역할은 지나치게 간섭하며 관리하는 '헬기맘'에까지 이르게 된 것이다.

역사 속에서 현명한 어머니로 기리는 신사임당은 자녀 양육에 자신의 삶을 희생하지도 시부모 봉양에 헌신하지도 않았다. 그래서 신사임당은 한 것이 하나도 없다고 말하는 이도 있다. 그도 그럴 것이 조선 중기까지의 풍습이었다고는 하나 결혼을 해서도 긴 세월 친정에서 아이들을 양육했고 부친의 삼년상을 지냈다. 아들인 율곡 또한 어머니에 대해 별 다른 말이 없이 '근동에서 포도 그림을 가장 잘 그린 사람'으로만 기록하고 있는 것을 보면 지금의 헬기맘과는 거리가 먼 방목형의 어머니였음이 분명하다. 그러나 신사임당은 '기품을 지키되 사치하지 말며, 지성을 갖추되 자랑하지 말라'는 말을 남겼으니 그 한 마디로 일관된 모범을 보였을 것이다. 자식에게 지나치게 간섭하고 구속하기보다는 사람으로서의 도리와 '더불어 사는 삶'에 대해 훈육을 했고 어린 아이에게는 자유롭게 뛰어놀게 함으로써 사람답게 성장하도록 이끄는 양육의 방법을 택한 것이 분명해 보인다.

요즈음 우리는 어린 아이들이 자살했다는 보도를 매일 접하고 있다. 내 자식의 호의호식만은 그 누구에게도 양보하지 않겠다는 이기심 때문에 우리나라 사람들의 신분 상승의 가능성이 카스트제도가 있었던 인도보다 낮다고 한다. 내 자식을 위해서라면 무엇이든 한다는 어머니들의 남다른 헌신은 아이들을 괴물로 만든다. 지옥 훈련을 통해 만반의 준비를 하고 나선 운동 경기에서도 이변이 속출하듯 우리가 사는 곳에서는 원하는 것을 뜻대로 가질 수가 없다.

늙지 않는 사람도 없고 가난과 질병을 의지대로 피할 수도 없다. 그래서 늙음과 병듦과 가난이 실패일 수가 없는 것이다. 교육은 그러한 삶의 다양성을 수용하도록 이끌어야 하고 우리의 삶은 서로의 도움 속에서 영위되는 것임을 보여주어야 하는 것이다. 내 아이만 행세하게 하겠다고 공부지옥으로만 내몰아버리면 고위공직자가 되어서도 자신이 무엇을 하는 사람인지조차 몰라 범법행위를 저지르고 수많은 사람들에게 그 해악을 끼치게 되는 것이다.

노년에 이른 지금의 어머니들은 여성이었기에 억울한 희생만 강요당했지만 현대판 고려장이나 다름없는 요양병원에서 고요히 잠만 자고 있다. 집 안에서 방치되는 것보다는 식사며 의료 혜택 면에서 요양병원이 나은 점도 많다. 그러나 병원으로 부모를 보낸 이들은 다시 찾지 않는 경우가 많다고 한다. 자식들은 병든 부모를 돌보는 것이 즐겁게 누려야 할 시간을 잃는 것이라 생각하는 것이다.

삶이란 모멸과 원하지 않은 고통을 견뎌내는 데에 지불하는 시간이 대부분이다. 그래서 사는 일이란 원래 아픔과 사이좋게 지내는 것이라는 인식이 필요하다. 그래야만 그 사회가 제대로 굴러갈 수 있다.

착화탄으로 자살을 많이 한다고 착화탄 판매 금지를 하고, 아이들이 뛰어 내리니 창문을 만들지 말자는 발상으로는 결코 얻을 수 없는 것들이다. 모성신화에는 어머니의 맹목적인 희생만을 강요한 심각한 그늘이 숨어 있다.

사랑을 위하여

편안함이 가득한 곳, 즉 안양(安養)은 극락의 다른 말이다. 안양이라는 이름의 도시도 있고 교각도 있지만 편안함과 극락이 한 몸이라는 그 말의 의미를 눈여겨보는 이는 그리 많지 않은 것 같다.

인간은 누구나 자신의 욕망을 충족시키기 위해 저마다의 자리에서 고군분투하며 살아간다. 그러나 욕망이 충족되었다고 행복해지지는 않는다. 사실 완벽한 편안함이란 치열한 삶의 끈을 놓아버리기만 하면 누구나 얻을 수 있다. 그러나 삶을 영위하는 동안에는 욕망덩어리인 내안의 또 다른 나를 버리는 방법 외에는 달리 길이 없다. 편안함이란 바람 없음이요, 나의 욕망 없음이다. 그래서 그것은 다른 의미로 상대에게 완벽하게 투항해야만 얻을 수 있는 사랑과도 같다. 타인의 삶과 고통 따위는 철저하게 외면하고서 내 욕심만을 채우기 위해 내닫는 살벌한 경쟁의 시대를 살아가야 하는 우리에게는 참으로 도달하기 힘든 지점이기도 하다. 그래서 갖가지 욕망을 본능적으로 가지고 태어난 인간은 사랑으로 가득한 세상에서 살아가기가 어렵다. 더군다나 치열하게 경쟁하여 다른 사람을 짓밟은 자에게 면류관을 씌워주는 세상이니 사랑은커녕 모두가 분기만을 가슴 속에 품고 산다. 화산처럼 들끓는 노여움이 마음속에 가득한 상태는 고요한 편안함으로 가득한 극락과는 거리가 멀어도 너무 먼 지옥이나 다름없다. 그래서 국가와 사회는 촘촘한 법과 공정한 법집행으로 억울한 사람이 덜 나오도록, 분기를 가지는 사람이 적어지도록 만들어주어야 한다. 우리나라에서만 유독 전 세계 그 어디에도 없었던 '화 클리닉'이 생긴 것은 우리의 법과 제도가 얼마나 공정하지 못했으며, 얼마나 서로 사랑하지 못하고 살아왔는지를 잘 보여주는 예라 할 것이다.

그러나 달도 차면 기우는 것처럼 빠름과 편리함만을 추구해 왔음에도 아날로그적 편안함을 찾으려 애쓰는 이가 늘어가고 있다. 꺼져가는 생명을 지키기 위한 본능적인 행위가 아닐까 싶다. 스마트폰이 지배하는 세상에 살고 있으면서도 귀농이 늘어가고 아날로그적 물건의 대표주자라 할 LP음반을 찾는 현상이 그러하다. 모든 소리를 믹싱해서 음폭이 큰 CD음반과 달리 LP음반은 생활 잡음까지 녹음되어 인간적이다. 음향 또한 감성적인 것은 말할 것도 없고 음폭이 적어 지극히 편안하다. 뒷걸음질 치는 것과도 같은 느림이 우리를 편안하게 만들어준다는 것을 보여주는 사례라는 생각이 든다. 착한 기업이 선택한 감동적인 이야기가 소비자의 마음을 움직여 기업을 흥하게 하고, 악덕 기업의 횡포가 스스로를 침몰케 하는 사례를 들으며 사랑의 의미를 다시금 헤아려 본다.

주머니 속에 든 송곳은 흉기가 되어 어디로든 튀어나올 수밖에 없다. 제거되어야 할 곪은 종기 또한 그대로 두면 결국 사망에 이른다. 스크린 쿼터가 축소되었을 때 우리나라 영화계는 걱정이 많았다. 그런데 그러한 우려에도 불구하고 한국영화계는 지금 건재하다. 하지만 그 연유는 더욱 걱정스럽다. 책 읽기 싫어하는 한국인들이 자막도 읽기 싫어해서 한국영화를 더 많이 즐기기 때문이라는 것이다. 책을 읽지 않는 그들에게서 인내하며 느리게 얻어낸 성찰의 시간을 갖게 하기는 불가능하다. 자신을 온전히 버리고 투항하여야 비로소 얻을 수 있는 사랑에 가난한 자들이 될 수밖에 없는 것이다.

층간 소음을 이유로 살인을 하고 나의 욕망을 채우기 위해 타인의 삶을 유린하는 몰상식하고 천박한 논리가 횡행하는 곳은 지옥이다. 지옥을 벗어날 유일한 방법은 편안한 마음의 세계를 유지할 수 있도록 병인을 도려내고 탐욕에 휘둘리는 나를 버리는 것뿐이다. 그래야 사랑을 담을 수 있다. 사랑은 주고받는 것이라 말들 하지만 실은 바라는 것 하나 없는 평온한 마음으로 철저하게 주기만 할 때 비로소 얻을 수 있다. 다만 사랑하는 이들을 멀리서 볼 때 주고받는 것으로 보일 뿐인 것이다.

반지가 남긴 것

이십 년도 더 된 일이다. 예전에 살던 동네의 난전에서 참기름을 파는 여자가 있었다. 주위 사람들 말에 의하면 그녀가 멍한 시선으로 늘 같은 자리에 앉아 있는 것은 빼앗긴 남편과 아이들을 기다리기 때문이라고 했다. 얼굴이 흉측하게 짓이겨진 것은 이혼을 해주지 않으려고 버티다가 남편에게 플라스틱 바가지로 구타당했기 때문이라고 했다. 그러나 점점 병색이 짙어가던 그녀는 언제부턴가 그 자리에 나타나지 않았고 암으로 죽었다는 소문만 돌았다. 그녀가 사라진 빈자리는 이내 사과 장수가 차지해버렸지만 그녀의 절망은 아직도 오롯이 남아서 내 가슴을 무겁게 누른다.

사는 일이란 도를 닦는 것과도 같다는 말을 한다. 살다 보면 누구나 어쩔 수 없는 선택의 기로에 서게 마련이고 그런 상황은 우리를 아주 당혹스럽게 만든다.

단편소설 〈반지가 남긴 것〉에서도 전환점에 선 한 여자의 아픔이 그려져 있다.

십 칠 년간의 결혼 생활을 청산해야만 하는 주인공 미란은 결혼반지를 톱으로 잘라낸다. 굵어진 손마디 때문이다. 그녀는 그 순간에 서서야 잊고 지낸 세월 저 편의 옥반지에 대한 기억을 떠올린다.

미란은 어린 시절 먼 친척 아이가 두고 간 반지를 잠시 탐내었다가 돌려줄 시기를 놓쳐버리고 만다. 두고두고 고민하던 그녀는 용기를 낸다. 어느 가을날 그렇게도 오랜 시간 고심해서 건넨 반지를 그 아이는 아무렇지도 않게 하수구 속에다 던져버린다.

남이 보는 객관적인 잣대란 얼마든지 그렇게 무의미한 것이 될 수 있는 것이다. 그런데도 우리는 이혼이라는 난관 앞에 서서까지 어떻게 살아갈 것인가 보다 남의 눈을 어떻게 감당할 것인가의 문제를 더 크게 고민한다. 그 말은 삶의 조화를 이루기 위한 대화를 잘 하지 못한다는 말과도 통할 것이다. 직시해야 할 문제는 외면한 채 엉뚱한 곳을 쓸데없이 배회하며 소중한 시간을 허비하는 것이다.

옥반지에 관한 부분은 여덟 살 때의 실제 내 체험이었다. 그 아이도, 그 누구도 알지 못했지만 수치심 때문에 견딜 수가 없었다. 그 후로 부질없는 일에 대한 집착에서는 비교적 쉽게 멀어질 수 있었다. 그것은 아마 자신만이 지켜보는 그 내밀한 수치심 앞에 서는 기분이 얼마나 참담한 일인지 일찌감치 맛볼 수 있었기 때문일 것이다.

저항을 위한 저항은 무의미한 일이다. 한 가지를 잃은 것도 서러운데 모두 잃어야 한다면 정말 억울한 일이니까 말이다. 그런데도 우리는 어려움에 봉착했다는 이유 하나로 삶의 본질적인 가치를 상실하는 모든 현상에 대해, 의지의 피로 현상에 대해 무척이나 관대한 편이다. 참기름 팔던 여자가 소모한 삶을 바라보는 이들이 나라도 분해서 그럴 수밖에 없었을 거라고 쉽게 말해버리는 것처럼.

요즘 아이들 중에는 이기적인 행동으로는 좀처럼 매를 맞지 않지만 시험 점수 나쁠 때는 매를 맞는다는 아이가 많다. 그런 아이들이 자라서 공들여 쌓아놓은 내 성을 고스란히 상실해야만 하는 일이 생기면 어떻게 할까. 친구가 전투의 대상이 되는 한 인간다움을 찾기란 갈수록 힘들어질 수밖에 없다. 고통을 나누면 반으로 줄어든다고 하지만 그 고통을 나누려면 먼저 나눌 인간이 있어줘야 하는 것이다.

마라톤 완주를 해서 기뻐하는 사람에게 몇 등을 했냐고 묻는 우를 이제는 범하지 말아야 한다. 금메달리스트에 대해 화려한 찬사만 보낼 것이 아니라 똑같은 노력을 함께 기울인 나머지 다수에 대한 애정을 더 많이 보여주는 분위기가 아쉽다. 그래야만 금메달리스트의 치열한 삶을 보며 함께 기뻐할 수 있는 것이다.

빛이 나는 것만 귀한 것이 아니라는 것, 내어주고 빈손이어도 충분히 아름다울 수 있는 것이 삶이라는 것을 가슴으로 느껴 아는 세상을 위해 무엇이든 해야만 한다. 어떤 세월을 살게 되든지 예술이 존재해야만 하는 이유도 바로 거기에 있는 것이다.

예술의 외형은 근본적으로 아나키즘적인 성격이 짙다. 그러나 예술의 내용과 미학은 세계를 전유하면서 좀 더 질 높은 인간의 감동을 창조한다는 점에서 중심지향적이라고 말할 수도 있을 것이다. 하지만 문학작품이 인간의 삶을 적나라하게 다룬다고 해서 그것이 현실의 재현은 아니다. 현실의 특정 측면과 층위에 대한 미적인 탐구 작업인 것이다. 그래도 우리는 그 문제를 자주 잊어버린다.

최루성 영화의 결말은 희생적인 죽음 장면으로 이루어질 때가 많다. 관객인 우리는 마치 현실을 전혀 모르는 사람처럼 주인공의 죽음 앞에서 눈물을 쏟아낸다. 열심히 살아간다는 말은 그만큼의 에너지로 죽음을 향해 다가선다는 뜻인 줄 알면서도 말이다.

죽음의 문제를 깊이 사유하다 보면 누구나 삶을 생각하게 된다. 무엇이 우리를 살아가게 하는가. 고통스러운 일상을 어떻게 살아내야만 하는 것인가.

죽음 앞에서 불확실한 미래를 생각하면 인간은 누구나 걷잡을 수 없는 공포의 도가니로 빠져들기 마련이다. 그래서 종교가 인간의 불안한 마음에 안식처가 될 수밖에 없는 것인지도 모른다. 문학도 그런 맥락에서 존재한다. 고통을 위해서 탄생했고 삶의 고통 그 자체가 문학의 본질이다.

실제로 사람들은 나와 다른 형태의 삶을 사는 이들에게 너그럽지 못한 것이 사실이다. 그런 어른들 탓인지 초등학교 아이들이 '왕따'라고 부르며 놀리는 경우도 주로 신체가 불편한 아이나 인지능력이 부족한 아이들, 혹은 소년 소녀 가장이라고 한다.

배신당한 사람에게 불운의 원인은 당신의 복 없이 생긴 관상 때문이었다고 꼬집어 말하는 행위는 표적 강도나 다를 것이 없는 잔인한 행동인 것이다. 마치 상대의 치명적인 결함 앞에 서고 보니 그렇지 않은 나는 생에 대해 무한한 자신감마저 샘솟기라도 한다는 듯이 말이다. 어디 그 뿐인가. 상대의 치명적인 결함을 기회로 자신의 이득을 챙기기에만 혈안이 되기도 한다. 불행하게도 외면하고 싶은 그런 장면은 서로 가까운 사이 일수록 더 흔하게 목격할 수밖에 없는 것이 현실이다.

인간의 마음속에는 누구에게나 물 맑은 깊은 샘과 같은 것이 존재한다. 그 물은 영험해서 탁해진 내 눈을 맑게 하고 탐욕에 물든 내 마음을 씻어내 준다. 누구나 마음속에 지니고 있지만 남루한 본색이 드러날 새라 잊고 사는 그곳을 너무 오래도록 망각해버리지 말아야 한다.

이민 가겠다는 사람들은 남의 이목을 신경 쓰지 않아도 되는 곳에서라면 못할 것이 없지 않겠느냐는 생각에서 일단 이목이 많은 곳을 떠나는 것이다. 실제로 우리는 다 잃고 떠난 사람 중에 성공하는 예를 많이 보게 된다. 여기서는 회생 불능의 상태에 놓여 있던 사람들이 이곳을 떠나서야 재기하는 이유는 그들 말대로 타인의 시선에서 자유로워지기 때문인지도 모른다. 그 말은 결국 부자연스러움은 소모적이라는 뜻과도 통하는 것이다.

얼굴 모양만큼 다양한 삶의 방식이 존재하는 우리네 인생살이에서 서로의 간극을 좁힌다는 것은 불가능한 일일지도 모른다. 다만 독자에게나 작가에게나 필요한 것은 서로의 다름을 인정하는 것이다. 내 것과 같지 않으면 무조건 비하하는 자세는 우리 모두를 각자의 동굴에 유폐시키는 낭비적인 결과만 낳게 된다. 우리가 소모한 만큼 작가든 독자든 자유로운 상상의 공간을 줄여야 하는 값비싼 대가를 지불해야 할 테니까.

소설을 쓴다는 것은 무심히 흘러가는 듯 보이는 세상사의 은밀한 눈짓을 포착해 내는 일이다. 물론 그 속에는 다양한 형태의 갈등이 상존하기 마련이다. 사실 인간의 역사는 그런 류의 이원성이 지니는 불화의 역사라 해도 과언이 아니기 때문이다.

인간이 자신의 삶을 행복하다고 느낀다는 것은 그가 지니는 의식과 무의식의 세계가 조화를 잘 이루고 있다는 말과도 통한다. 그러나 우리의 삶은 마치 누군가가 조종이라도 하듯 무수한 갈등의 고리를 통해 끊임없이 선과 악의 문제에 대해 시험받게 된다.

인간은 누구나 행복하게 살고 싶고 내 것을 잃는 것을 원치 않는다. 그러나 우리는 단지 내게 소중하다는 이유 하나로 타인이 누려야 할 소중한 것들을 서슴없이 빼앗아버리는 경우가 많다. 그리고는 아주 간단하게 사랑은, 혹은 행복은 쟁취하는 자의 것이라고 말한다. 그러나 사소해 보이는 그 한 마디 말에서 부터 엄청난 비극의 씨앗도 발아하게 되니 그게 문제인 것이다. 그런 의미에서 보면 크리스 웨어라는 미국 만화가의 〈지미 코리건〉이라는 연작 만화는 생각하게 하는 바가 많다. 대부분의 사람들은 두터운 독자층을 가진 젊은 만화가가 지닌 놀라운 프로젝트에 관해 초점을 맞추고 있는 것 같다. 하지만 만화가가 아닌 내 눈에는 그가 보여주는 뛰어난 기법보다는 그가 다루고 있는 주제에 눈이 간다.

부모의 안정적인 사랑을 받지 못하고 자란 주인공 지미 코리건이 아버지를 죽이는 모습에서 이미 수많은 사람을 죽이고도 남을 증오로 가득 차 있음을 보게 되기 때문이다. 평생 갈구했으나 한 번도 가져보지 못한 사랑은 인간의 유한성 너머에 존재하는 영원성을 인식하도록 하는 눈을 열어 준다. 현실이 안겨주는 암담한 고통을 감수할 인고의 의지를 부여하는 것이다. 그래서 사랑은 받아 본 사람만이 나눌 수 있게 된다는 말을 하게 되는 것인지도 모른다.

대부분의 사람들은 제도권 밖으로 이탈한 범법자에 대해 마치 그들은 태어날 때부터 무언가 달랐던 것처럼 생각한다. 어쩌면 그 말도 그리 틀린 말은 아닐지 모른다. 그런 사람들은 사실 특별한 환경에 놓였던 것이 사실이니까.

나는 지존파에 대한 기억들을 아프게 가지고 있다. 그들이 저지른 범죄 행각의 잔혹성보다 그들이 놓였던 환경 때문에 더 안타까운 심정이었다. 왜냐하면 그들의 어린 시절 이웃 중 단 한 사람이라도 질시의 손가락 대신 따뜻한 가슴으로 보살펴 주었던들 불행은 막을 수 있었을 것이라는 확신 때문이다.

그들의 공통된 행동은 의도적인 악행으로 드러난다. 바타이유는 그런 의도적인 악을 선에 대한 수용이자 선에 대한 인식이라고 말하기도 했다. 그런 사람일수록 더 많은 사랑을 원했다는 뜻이기도 한 것이다. 그들에게 진정으로 필요했던 것은 사랑이란 쟁취하는 자의 것이 아니라 베푸는 자의 것이라는 사실에 대한 인식이요, 체험이었던 것이다.

언쟁을 벌이다 열세에 몰린 사람들이 가장 흔히 쓰는 수법이 있다. 나이가 몇 살이냐고 묻는 것이다. 물론 사안의 중요성과는 무관한 질문이다. 그러나 의외로 그런 사소한 일들은 엄청난 결과가 되어 우리 앞에 서게 될 때가 많다.

우리나라의 사회 분위기를 두고 그렇게 말하는 외국인들이 많다. 상하 지위 체계가 너무 소모적으로 운영되고 있어서 의사소통이 제대로 되지 못하고 있다는 것이다.

회사의 사활이 걸린 중대한 프로젝트 앞에서도 개인의 출세를 위해서라면 힘없는 부하 직원 하나 쯤 희생양으로 만드는 일은 대수롭지 않게 여기는 현실이 우리를 슬프게 한다. 그러나 그 작은 티끌과도 같았던 문제가 거대한 산이 되어 나타났어도 죄의식을 느끼지 못하는 사람들 때문에 다수가 감내 해야 할 고통은 한없이 길어진다.

우리가 주목해야 할 부분은 그런 사안에 대한 뒤늦은 후회가 아니다. 입에 올리기조차 지겨운 구제 금융이라는 현실로부터 어언 이십 년의 세월이 흘러왔지만 지금의 현실 또한 그리 나아지지 않았다.

삶이 고단하고 어려운 것은 새삼스러운 일이 아니다. 하지만 보기 싫고 외면하고 싶지만 들여다 보아야 할 그 근원적인 문제에 바로 내가 자리하고 있다는 사실을 인식하자는 것이다. 모두가 함께 행복한 삶을 영위한다는 것은 거의 불가능할 만큼 어려운 일이다. 그러나 사회의 핵인 개인이 달라진다면 우리가 사는 세상도 달라질 수밖에 없는 것이다. 눈에 보이는 것에만 매달려 성대하게 치르려다 결별의 비극을 맞이하기도 했던 혼사의 문제도 차츰 그들끼리의 작은 결혼식으로 달라지고 있기 때문이다. 정작 중요한 문제가 무엇인지 제대로 파악한 젊은이들이 늘어나고 있는 현상은 희망적인 변화라 할 수 있다. 행복은 그런 노력을 통해서 얻을 수 있는 것이라는 것을 알아가는 것이 공부이기 때문이다.

젠더와 대중

대중문화(popular culture)를 바라보는 시선은 다양하다. 비어있는 개념으로 생각할 수도 있다. 스튜어트 홀의 말을 빌리자면 '집합적으로 사회를 이해하는' 장이라 할 수 있다. 결국 대중문화에 대한 어떤 논의도 '대중적'이라는 다양한 의미와 '문화'라는 다양한 의미의 복잡한 조합이 될 수밖에 없음을 보여주는 부분이라 할 수 있다. 이런 문제에도 불구하고 명백한 것은 양적으로 큰 범위를 포함하고 있다는 사실이다. 고급문화와 대중문화를 나누고자 하는 사람들은 둘 사이의 구분이 절대적으로 명확하다고 주장한다. 바로 이러한 어려움이 실제로는 대중을 배제시키며 그 관객의 배타성을 확고히 해준다. 프랑스의 사회학자 피에르 부르디외는 문화적 구분이 계급 구분을 유지시키기 위해 이런 방법으로 사용된다고 주장하였다. 실제 어느 나라의 역사에서든 이러한 계급 구분을 위한 차별화는 다양한 모습으로 변주되며 나타났다.

문화를 바라보는 시선의 차이만큼이나 남자와 여자의 삶을 바라보는 시선 또한 다양하다. 예를 들어 셰익스피어는 현재 고급문화의 전형적인 예로 꼽히지만 그 시대 사람들에게 그의 작품들은 대중적인 연극 이상은 아니었을 것이다. 찰스 디킨즈의 작품들이나 느와르 영화도 마찬가지다. 바닷가의 휴가가 처음에는 귀족적 행사였지만 백년 후에는 대중문화의 예로 꼽힌다든지 멸시받던 대중영화였던 느와르 영화가 30년 내에 예술 영화가 되는 등 서로 상응하는 문화적 가치와 요소들이 타협하는 장소 또한 대중문화의 영역이라 할 수 있는 것이다. 특히 그람시는 대중을 '권력집단'에 대항하는 '민중들'로 보며 대중문화를 심각한 정치개념으로 보았다. 그러나 대중문화는 '의미작용signification의 정치' 즉 보는 이로 하여금 특별한 시각으로 세상을 보도록 유도하는 것은 물론 대량문화라는 결핍을 가져오게도 한다. 그러나 대중은 단순히 '허위의식'을 파는 자본주의와 가부장제의 단순한 보충적 체계에 머물러 있지만은 않았다. 지배적 이데올로기였던 엘리트주의가 도전받는 장이기도 했기 때문이다.

순수와 대중적 소박성의 관계는 지배와 피지배의 관계라 할 수 있다. 이것은 곧 예술 자체와 '감상자들'을 '교양 없는 대중'과 분리시키려는 노력으로 이어졌다. 이 과정의 일부는 교육에서의 토대, 즉 미학적 감상이 기반을 둔 필수지식의 생산과 재생산을 부정하는 것이다. 이는 미학이란 미학적 감상을 배울 수 있는 그 무엇이라기보다, 타고난 그 무엇이라고 간주한다. 이것은 많은 사람들로 하여금 '비문화적'이라는 자의식을 만들어내게 한다. 그러나 이는 지식에 접하지 못한 것 -고급문화의 형식적인 질을 '감상'하는데 필요한 약호를 교육받지 못한 것- 때문이라기보다는, 스스로를 무식하고, 무감각하며, 진짜 '감상할 줄 아는 자들에게 있는 섬세한 감성이 결여된 것처럼 느끼게 한다. 그들은 '재능'이나 '타고난 재주'가 없고, 소수의 엘리트만이 '예술'을 창작하거나 수행하는 것이라고 가르치는 것이다.

소수의 엘리트층에서 주도해온 이러한 차별화 전략은 오랜 세월 성공했고 예술 전반에 걸쳐 확고하게 교육되었다. 한국 문학에서도 대중문학을 이론적으로 다루기 시작한 것은 90년대 이후 대량 판매되는 책들이 쏟아져 나왔던 베스트셀러 류의 등장 이후부터였을 정도다. 그러나 구획 정리하려는 엘리트주의자들에게 대중과 순수의 경계를 넘나듦은 많은 논쟁을 불러일으키고 있는 실정이다. 정지용의 시로 만든 노래인 대중가요 '향수'를 서울대 교수였던 박인수와 대중가수 이동원이 함께 불러 음반을 내었을 때 뜨거웠던 서울대 내에서의 논쟁이나 대중 가수 인순이의 예술의 전당 공연 불가 통보 등의 문제들로 불거지고 있는 순수와 대중의 경계에 대한 논의 등이 그 예라 할 수 있을 것이다. 문학에서도 오랫동안 대중적 인기를 끌었던 대중소설에 대한 문학 작품 연구자들의 외면과 같은 홀대 등에서도 나타나듯이 순수문학과 대중문학을 바라보는 시선은 여전히 대립적이다. 그러나 문제는 대중문화를 바라보는 시선에서도 예를 들었듯이 다수 대중에게 사랑받는 작품의 예술적 완성도가 낮은 수준이라는 것은 다수 대중이 용인하는 수준이어야 하며 그들이 수용한다는 사실 때문에 이는 명백한 사실이 되고 있다. 또 하나의 문제는 이러한 대중이 누리려는 쾌락을 저급한 것으로 구획정리하듯 분류해버리는 데에 있다.

브레히트의 표현처럼 현대는 상업문화를 벗어날 수 없는 나쁜 새 시대임에 분명하다. 그러나 이 시대를 살아가는 모든 사람들을 선택과 거부, 의미생산, 가치 부여를 통해 스스로 문화에 능동적으로 참여하는 이들로 볼 필요가 있다. 이는 쾌락이 정치적이기는 하지만 쾌락과 정치는 다른 점이 많다는 점을 인식해야 한다는 것이다. 쾌락과 정치는 별개의 것이라서 왜곡에 대해 웃고 즐길 수도 있지만, 동시에 '그것은 왜곡'이라고 말하는 정치적 입장을 지지할 수도 있다. 간단히 말해 현실에 대한 상이한 해석 사이에 존재하는 차이를 인식하고, 이해하고 또 쟁점화 하기 위해서 서로를 가르쳐야 하며 각각이 상이한 정치적 입장을 요구할 수 있음을 알아야한다. 이것은 페미니즘이나 사회주의적 문화정치의 종말을 의미하는 것이 아니라, 문화의 소비가 개인의 도덕적, 정치적 가치를 재는 척도라는 근거 박약한 주장을 하는 '문화와 문명'의 문제와 결별함을 의미한다.

서구에서는 적어도 1890년대부터 대중문화, 그리고 고급문화와 대중문화 사이의 거리가 특히 시각적 재생산에 의존하는 현대 기술 덕에 존재할 수 있었던 당대의 매체, 즉 신문, 영화, 라디오 텔레비전과 같은 거대한 매체들에 대부분 통합되며 잠식되었다. 이처럼 대량문화란 상업 문화이다. 이것은 대량 소비를 위해 대량 생산된 것이며 관중은 무분별한 대량 소비자 집단이다. 그러나 민중은 사회 속의 개개인이나 또는 한 그룹만을 지칭하는 것이 아니라, 경제적 정치적 문화적으로 권력을 쥔 집단과는 확연히 구분되며 그들의 개별적인 투쟁이 연계된다면 '권력집단'에 대항하는 '민중들'로 조직되어 통합될 가능성이 있는 것이다.

민속 예술은 아래서부터 성장했다. 이는 고급문화의 도움 없이 자신들의 필요에 맞게 스스로 형성된 자발적 민중의 표현이다. 하지만 대량문화는 위에서부터 부여된 것이다. 19세기가 지나면서 전통적인 문화와 사회 바깥에 존재했던 이들이 참여를 요구하면서 이들을 통합하고 제외하기 위한 전술들이 채용되었다. '상류사회'와 '고급문화'

에 속한다는 것은 곧 사회와 문화 또는 더 나은 의미로 대량사회와 대량문화와 구별된다는 것을 뜻하는 것으로 인정되었던 것이다.

마르크스적 관점에서 대중문화는 상부구조의 이데올로기적 형태 중 하나이다. 예를 들어 19세기 멜로드라마 연극에 대해 충분히 분석하기 위해서는 멜로드라마의 관중이 생겨날 수 있게끔 했던 경제적 변화와 그러한 연극 형식의 출현을 가능하게 했던 연극적 전통 모두를 고려해야 할 것이다.

헤게모니 이론의 관점에서 보았을 때 대중문화는 사회의 지배력과 피지배력 사이에 교류가 이루어지는 장소로써 중요한 의미를 지닌다. 이것은 성이나 세대, 인종, 지역과 같은 여러 형태에 따라 분석 될 수 있다. 대중문화는 합병과 저항 사이의 알력, 즉 지배층의 이해관계를 보편화하려는 시도와 피지배층의 저항 사이에서 투쟁이 일어나는 문화적 교류와 협상에 의해 구성된 영역으로 명시화된다. 이 시각에 따르면 대중문화는 서로 상충하는 이득과 가치들의 모순된 혼합으로, 중산층도 노동층도 아닌, 인종주의도 반인종주의자도 아닌 항상 둘 사이를 오가는 저울의 추와도 같은 것이다. 네오 그람시적 분석에 따르면 대중문화란 사람들이 문화산업의 텍스트와 실천행위들을 능동적으로 소비함으로써 만드는 것이다.

젠더의 문제를 다양한 텍스트를 통해 살펴보는 이유도 인간의 삶을 다양한 스펙트럼을 통해 살펴볼 수 있기 때문이다.

2

한국 현대소설에 나타나는 젠더의 양상

재화로 거래되는 아내

1910년대의 상황을 살펴보면 조선 조 말 급격한 확산을 이루던 교육운동은 한일합방과 더불어 급격히 쇠퇴했다. 일제에 순응하는 체제 내적 교육으로 전환되고 말았기 때문이다. 일제는 기본적으로 조선인에 대한 교육을 억제하는 정책을 폈다. 그러나 실제로 이 시기 젊은이들은 서울의 교육기관에서 공부하기를 원했고 집에서 한학을 권하는 부형들과 대립하는 일이 비일비재했다.[1] 이러한 사회 변화가 있었음에도 여성들의 교육문제는 그들의 갈등과 무관한 사안이었다.[2]

당대의 지식인에게 어떠한 문제들이 고뇌로 자리했든 그곳에 여성은 존재하지 않았다. 지식인의 자기 발견에는 사회적 활동을 고민하는 남성으로서의 자각만이 문제였을 뿐 동등한 인간이라는 범주 속에 존재해야 할 여성의 문제는 자리할 곳이 없었기 때문이다. 이러한 여성의 삶을 세세히 조명하는 것은 그 자체만으로도 남성의 삶이 인간 경험의 일부이듯이 여성의 경험도 인간 역사의 일부임을 인식하고

1) 동아일보 1921.4.13.

2) 남편의 요구나 소수 지주의 자녀에 한해 교육받고 유학을 하는 경우나 일본에 유학한 아들이 신식교육을 시켜놓지 않으면 이혼하겠다는 편지가 왔다는 이유로 며느리를 교육기관으로 데리고 온 것과 같은 일은 특별한 예외에 속했다. 동아일보, 1921.4.21.

자 하는 것이다.

1920 · 30년대는 식민지 정책과 자본주의가 상보적으로 진행되던 수탈경제의 시대다. 일제는 식민지 농업정책의 가장 중요한 목적으로 조선을 일본의 식량공급지로 묶어두는 데 있었다. 이로 인한 조선농민의 구체적인 몰락과정은 자작농 및 자소작농의 소작농화, 소작농의 세궁민화, 세궁민의 걸인화로 이어져갔다.[3] 이러한 전통적 토지개념이 수확을 위한 수단으로만 인식하게 되는 준거 틀의 변화를 초래하고 이런 변화는 제반의 도덕관념의 변화에까지 이어지게 된다.[4]

결국은 걸식이나 아사보다는 매춘을 스스로 택하는 여성이 나타나기 시작한 것이다.

김동인, 「감자」(1925)

1920년대 작품 중에서 김동인의 「감자」를 살펴보는 것은 다음과 같은 이유에서이다.

첫째, 나라 잃은 백성들의 피폐해진 삶 속에서 가장 비극적인 삶의 전형이라 할 '복녀'라는 여성의 일생을 보여주고 있기 때문이다.

둘째, 냉철한 리얼리즘 세계를 지향하던 작가의 지향점이 구체화되어 당대의 빈민층 여성 현실을 형상화하는 데 성공한 작품이라 평가

---

3) 강만길, 『한국현대사』, 창작과 비평사, 1985, 88-89면 참조.

4) 이경, 「1920~30년대 소설에서의 매춘-제도의 거울」, 『한국현대문학의 성과 매춘 연구』, 태학사, 1996, 31면.

받기 때문이다.

셋째, 작가의 의식이 직접적으로 개입되지 않은 점에서 당대의 인물에 대한 인식이 객관적인 시각으로 드러나고 있기 때문이다.[5]

복녀의 일상을 살펴보면 이 시기의 매춘은 절대 빈곤 앞에 놓인 여성들의 생존투쟁임을 알 수 있다. 남편은 생존을 위한 노동을 하지 않고 아내만이 일하게 함으로써 아내의 매춘에 이미 개입해 있으며 심지어는 집으로 찾아온 왕서방에게 자신의 방을 내어줌으로써 성 매매 현장을 묵인하는 모습도 발견되고 있다.

> 복녀의 도덕관 내지 인생관은, 그때부터 변하였다. 그는 아직껏 딴 사내와 관계를 한다는 것을 생각하여 본 일도 없었다. 그것은 사람의 일이 아니요, 짐승의 하는 짓쯤으로만 알고 있었다. 혹은 그런 일을 하면 탁 죽어지는지도 모를 일로 알았다. 그러나 이런 이상한 일이 어디 다시 있을까. 사람인 자기도 그런 일을 한 것을 보면, 그것은 결코 사람으로 못할 일이 아니었었다. 게다가 일 안하고도 돈 더 받고, 긴장된 유쾌가 있고, 빌어먹는 것보다 점잖고… 일본말로 하자면 〈삼박자拍子〉 같은 좋은 일은 이것뿐이었다. 이것이야말로 삶의 비결이 아닐까. 뿐만 아니라, 이 일이 있은 뒤부터, 그는 처음으로 한 개 사람이 된 것 같은 자신까지 얻었다. 그 뒤부터는, 그의 얼굴에는 조금씩 분도 바르게 되었다. 일 년이 지났다. 그의 처세의 비결은 더욱더 순탄히 진척되었다. 그의 부처는 이제는 그리 궁하게 지내지는 않게 되었다. 그의 남편은 이것이 결국 좋은 일이라는 듯이 아랫목에 누워서 벌신벌신 웃고 있었다.[6]

복녀는 존중되거나 함께 생활하는 사람으로서 존재하는 것이 아니라 매춘여성으로서의 삶만이 주어졌던 것이다. 이러한 여성상은 이상

5) 정한모, 「문학적 모럴리티의 출발」, 『세대』, 1965.2. 206면.

6) 위의 책, 431면.

의 「날개」에서도 그대로 재현된다. 그러나 작품 속에서 등장하는 대다수의 여성들이 '배추 세 페기'에도 몸을 팔고 있는 정황을 보면 이러한 여성들에게 도덕적 자의식을 찾아보기는 어렵다. 그들의 삶은 이미 비판력을 상실한 상태에 놓여 있었기 때문이다.

복녀 또한 남편이라는 울타리 속에서 이루어지는 거래로부터 벗어날 대안이 없었다. 80원에 팔려간 복녀의 현실이 증명해 보이듯 현재 주어진 삶이 아니면 죽음과도 같은 비참한 삶뿐인 현실이기에 남편과 함께 하는 종속적인 삶에 철저하게 순응할 수밖에 없었던 것이다.

80원에 사온 복녀의 시체를 다시 거래로 처리하는 남편의 모습에서 상식적인 부부나 인간의 모습은 찾아보기 힘들다. 살인을 은폐시켜준 대가로 거금 삼십 원을 받고 거래하는 냉혈한의 모습을 보여줌으로써 복녀는 남편이 사용한 재화에 지나지 않았음을, 결코 인간으로는 인정받지 못했음을 다시 한 번 증명해 보이고 있는 것이다.

김유정, 「소낙비」(1935)

하층민 남성의 현실을 해학적으로 그려내고 있는 김유정의 작품 속에서도 여성의 희생적 삶은 그 해학의 수단이 되고 있다. 이러한 이중의 억압을 감당해야 하는 여성은 매를 맞으며 학대당하는 삶을 살고 있으나 당대의 상황이 그러했듯이 남편과의 삶을 살아내야 한다는 종속된 인식으로 인해 여성의 갈등은 전혀 표현되지 않고 있다. 덜미의 놀음에 놀아나는 인형처럼 조종되는 수동적인 삶만을 살아가고 있는 것이다. 여성인물이 고용된 노예와 같이 형상화되고 있는 데에는 당대의 삶이 그러했듯이 철저하게 남성 중심적 사고로 여성 인물에 대해서는 깊은 성찰이 없었기 때문이다.

김유정의 등단작인 〈소낙비〉에서도 그러한 억압적인 상황은 잘 드러나 있다. 다음은 노름 밑천을 구해 오지 않는 아내를 구타하는 장면이다.

> 춘호는 노기충천하여 불현듯 문지방을 떠다밀며 벌떡 일어섰다. 눈을 흡뜨고 벽에 기대인 지게막대를 손에 잡자 아내의 옆으로 바람같이 달겨들었다.
> "이년아. 기집 좋다는 게 뭐여. 남편의 근심도 덜어주어야지. 끼고 자자는 기집이여?"
> 지게막대는 아내의 연한 허리를 모질게 후렸다. 까부라지는 비명은 모지락스리 찌그러진 울타리를 벗어나간다. 잼처 지게막대는 앉은 채 고꾸라진 아내의 발뒤축을 얼러 볼기를 내려갈겼다.[7]

결국 춘호 처는 그 동네에서 가장 살기가 나은 이주사 집으로 간다. 물론 그 이전에 이주사는 춘호 처를 추행한 일이 있었던 터였다. 결국 성 거래를 한 대가로 돈을 구해오는 춘호 처는 돌아오면서 성 거래를 골백번 한다 해도 남편에게 매나 맞지 않고 의좋게 살수만 있다면 사양치 않을 거라며 이 주사에게 고마운 마음을 가진다. 그러면서도 자신의 행실이 남편에게 발각되는 나절에는 '대매에' 맞아 죽을 것이라고 고민한다. 그러나 남편은 이미 돈 이원이 어떻게 들어오게 된 것인지 짐작하고 있으면서도 돈을 구해 왔다는 사실을 알고부터는

7) 이효석· 김유정,『정통한국문학대계』, 어문각, 1994, 254면.

살갑게 대한다. 남편은 아내가 돈을 구해오기 위해 나가는 날에도 머리를 빗겨가며 다정한 부부의 모습을 연출한다.

작가는 이 부분에서 가난으로 인해 매질을 하게 되는 남편의 행위를 정당화한 뒤 아내의 입장에서 경험하게 되는 억압이나 상처나 수치심에 대해서는 인식하지 않는 무관심을 드러내 보이고 있다. 작품 속 아내는 험준한 산을 타고 오르며 도라지, 더덕을 캐내어 오는 중노동을 하고 있으나 남편은 앞서 살펴본「감자」에서도 그랬듯이 가난을 한탄만 할 뿐이다. 남편이 하는 일은 그저 매일이다시피 이유 없이 매질을 하고 있을 뿐이다. 특히 호랑이 숲이라 이름난 강원도 산골의 험한 산비탈을 오르는 동안 더위와 거추장스러움에 무명적삼을 벗어 찌른 춘호 처의 몸에 대한 해학적인 묘사는 여성에 대한 이해가 전무한 당대의 남성의 인식 수위를 적나라하게 드러내고 있다. 춘호 처에게는 목숨을 건 사투를 벌이는 생의 막장이었건만 남성의 눈에는 마치 벌레나 곤충처럼 바람에 드러나는 검붉은 볼기짝에 지나지 않아 '배를 움켜쥐어도 다 못 볼' 우스운 광경에 지나지 않는다고 표현하고 있는 것이다.

가부장 사회의 구속에 대한 대응자로서의 삶

봉건적인 가부장제 문화를 청산하지 못한 상태에서 제국주의 억압에 놓인 한국의 여성들은 더욱더 열악한 생존 환경에 직면하게 된다. 여성을 억압하던 봉건 의식이 일제의 파시즘적 통치에 의해 더욱 강화된 것이다. 일제는 합리적인 식민 통치의 일환으로 대 가족 단위의 가부장에게 권위를 부여했으며 이러한 성적인 차별 이데올로기는 당대의 민족 해방이라는 거대 담론에 가려져 서구 선진국처럼 사회적인 문제로 부각될 수도 없었다. 김명순의 경우 동시대의 남성작가들과 달리 작가로서 인정받지 못해 왔던 것도 그러한 차별적 인식이 지배적이었기 때문이었다.

이 시기의 여성 작가들은 이광수, 김동인과 같이 일본 유학을 경험한 당대의 중산층의 인텔리들이었다. 이들은 자신의 지지기반인 중산층의 이념으로서 서구의 자유민주주의 사상을 신봉하였으므로 민족적, 계급적 갈등보다는 가부장제 이데올로기에 의한 성적 불평등에 민감하게 반응하였다. 이들은 이광수 등의 근대 남성 작가들이 내세운 개인주의의 자유연애나 개성 존중이 남성에게만 유리하고 아직도 여성에게 정절과 순결을 강조하고 있어 이러한 이중의 성윤리에 저항하였다. 이들은 반봉건적이며 전근대적인 여성 차별 의식에 반대하며 자유연애론을 처음으로 제기하고 그것을 여성 해방과 연결시킨 '제 1 세대의 여성'이라 할 수 있다.[8]

이 시기의 여성작가들의 작품 속에 등장하는 인간의 삶이란 박탈적 상황을 다각도에서 다루고 있다고 해도 과언이 아니다. 특히 김명순의 문학에 대해서는 페미니즘과 여성성에 초점을 맞추어 욕망에 집중하거나 모녀 관계, 성장소설, 몸, 성성(sexuality) 등을 통한 연구가 집중되었다.

그러나 작가 김명순은 박탈적 비탄으로 인해 고통받았던 시간들이 자신의 삶 전체를 관통해 왔으며 그 과정을 적나라하게 보여주는 것이 작품이라고 밝혔다. 배우로도 활동한 김명순은 소실의 자식으로 세상에 태어났고 그 때문에 어린 시절 세인의 손가락질을 받았다. 이러한 상황은 작품 속에 작가의 의식이 투영된 주인공을 등장시키는 계기가 되었다. 김명순은 작품의 창작을 통해 자신의 삶의 악재들을 극복해 왔고 그 극복의 방식은 내적 가치 추구를 위한 다양한 행동들과 그로부터 출발한 사랑에 대한 환상을 통해 다양하게 시도되었다.

---

8) 나혜석, 「경희」, 서정자편, 『한국여성소설선』 1, 갑인출판사, 1991, 16면.

비탄을 야기하는 박탈적 상황

김명순은 한국 최초의 여자 소설가이면서, 에드가 앨런 포의 시를 번역했고, 5개 국어를 구사했으며 음악적 재능과 외모도 빼어났다. 신문기자, 영화배우로도 활동했다. 시, 소설, 희곡, 수필, 번역시 등 170여 편의 작품을 꾸준히 발표한 문인이었으며, 당대 가장 뛰어난 작품들이었음에도 그의 작품은 그 어느 누구의 주목도 받지 못했다. 첫 작품을 당당하게 발표하면서 활동을 하려는 문인에게 문단에서 마치 투명인간처럼 의도적으로 도외시하고 주목받지 못한다는 상황이라는 것은 누구라도 박탈적 비탄에 빠질 수밖에 없는 일이다.

김명순은 일본으로 유학을 가서 도쿄의 국정 여학교에 다녔으나 같은 조선인이던 이응준에게 데이트 폭력을 당했다. 이응준은 당시 일본육군 소위였고 일본군 대좌를 거쳐 해방 후에는 대한민국 초대 육군 참모총장 체신부장관을 역임했다. 그러나 이후 김명순은 19세의 나이에 당한 봉변으로 그치지 않고 조선에서 2차 폭력을 당한다.

매일신보는 '동경에 유학하는 여학생의 종적을 감춤 어찌한 까닭인가'라는 제목으로 1915년 7월 30일자 기사를 시작으로 세 차례에 걸쳐 이 사건을 보도했다. 기사를 통해 김명순은 고향과 부친 이름 자신의 아명(김기정) 등이 낱낱이 공개되는 치욕을 당했고, 이로 인해 김명순은 자살을 시도하기까지 한다. 남성 위주의 가부장제 사회에서 군중의 먹잇감으로 내던져졌던 것이다. 남성들의 폭력에는 좌파, 우파, 민족주의자, 사회주의자, 독립운동가 구분이 없었다. 이 남성들은 모두 김명순 매도에 나섰다. 음탕한 탓에 강간당한 여자. 원래 피가 더러운 여자, 아기 어머니가 되어도 아기 성을 무엇으로 할 지 헷갈리는 여자로 묘사하는 것으로도 부족해서 김기진은 잡지『신여성』에 김명순에 대한 공개장을 기고했다.

김명순은 처녀 때 남성의 정벌을 받았으며 외가 쪽의 불결한 혈액을 받고 태어났다는 것이다. 방정환은 혼인 날 신랑이 셋 씩 달려 들까봐 독신 생활을 하게 된 독신주의자라 했다. 김명순은 나름대로 고소도 하고 반격을 했으나 역부족이었다. 그러한 상황 속에서도 꾸준한 창작으로 버텨내려 노력하던 김명순에게 가해진 결정타는 1939년 김동인이 문장 지에 발표한『김연실전』이었다. 김동인은 김연실의 이름을 빌려 김명순을 천하의 탕녀로 만들었다. 김동인은 김명순과 동향이자 오빠의 친구였다. 김명순은 결국 조선을 떠나 일본으로 도피하듯 떠나야 했다.

김명순은 '일일이 저들의 악행을 적는다 해도 황무지에 잡초 하나를 뽑는 것밖에 안 될 것'이라고 절규했다. 그의 시「유언」을 통해 '조선아... 이 다음에 나 같은 사람이 나더라도 할 수만 있다면 있는 대로 또 학대해 보아라. 이 사나운 곳아 이 사나운 곳아'라고 절규한다.

김명순의 초기작은 한 개인의 노력으로는 극복할 도리가 없는 박탈적 현실에 직면함으로써 대면하게 되는 복합 비탄의 문제를 극복하고자 하는 욕망에서 비롯된 것임을 작가 스스로 밝히고 있다. 그리고 이러한 욕망은 곧 창작 주체인 작가 자신의 상처를 치유하는 행위인 동시에 영적 성장의 출발지점을 의미하기도 한다. 그러나 김명순이 헤쳐 나가야 했던 현실은 가혹했다. 특히 동료 작가들인 남성들의 매도와 모함은 그 도를 넘어서는 것들이었다. 동료로부터 위로를 받아도 극복하기 어려운 상황에 놓여 있었음에도 오해와 편견으로 인한 홀대는 끝이 없이 계속되었다.

염상섭의 작품『제야』에서도 작가는 유전 상의 문제를 법률과 제도에 의한 신분과 동일시하고 있는 아래와 같은 글들로 그들의 편견을 드러내었다.

> "나는 육의 저주를 받은 인과의 자입니다. 아- 나는 사생아[9]입니다."

이 논리는 김동인이 김명순이 모델임을 밝힌 김동인의 소설「김연실전」에서도 나타난다. 그는 김연실의 아버지가 양반이 아니라 감영의 이속(吏屬)이었고 그나마 군정출신이었음을 여러 페이지에 걸쳐 상세히 기재하고 있다.

> 연실이의 아버지가 과거 영문 이속이라 하나 다른 이속들보다 지체가 훨씬 떨어지었다. 다른 이속들은 대대로 이속 집안이라든가 혹은 서북 선비의 집안 후손으로 여러 대째 내려오는 근본 있는 집안이었지만 연실이의 아버지는 그렇지 못하였다. 연실이의 할아버지는 군정이었다. 군정노릇을 하며 산광의 비위를 맞추어서 돈냥이나 장만하였다.[10]

영문 이속은 중인으로 양반이 아니었으며 특히 서북쪽은 벼슬길에 오르지 못하여 비교적 계층의식이 희박하던 곳이었다. 그럼에도 평민출신에서 중인으로 오른 연실의 아버지가 경멸 받고 있음은 당시의 신분차별의식이 얼마나 뿌리 깊었던 것이었는가를 말해주는 것이다.

---

9)『염상섭 전집』9, (서울: 민음사), 69면.

10) 김동인,「김연실전」『김동인, 전영택』, (서울: 민음사), 1995, 41면.

게다가 연실은 서모의 자식이었다.

> "제 에미년을 닮아서"
> "쌍것의 새끼는 할 수 없어."
> 하는 말 끼우기를 잊지 않았다.
> 자기의 소생 자식들을 책망할 때도
> "쌍것의 새끼하구 늘 놀아서 그 꼴이란 말이냐?"고 연실[11]을 끌어대었다.

모친이 소실이므로 그 딸도 남의 소실감이 될 수밖에 없다는 논리, 이 논리에 의하면 김명순도 정실이 될 수 없는 운명이었다. 작가 김명순에게 있어서 극복 불가능한 박탈적 현실은 시대적 상황에서 비롯되었다고 볼 수 있다.

김명순은 아버지 김희경이 도참사를 지내는 등 문벌이 있는 집안이었다. 김동인은 당시까지 남아있던 뿌리 깊은 계층 의식을 과장되게 드러내는 과정에서 김명순의 내력을 더욱 모멸적으로 폄하한다.

> 김류봉은 평양 사람이다. 김류봉의 증조할아버지는 평양의 전설적 치부가였다. 김류봉의 할아버지는 참령이었다. 이 김류봉의 할아버지가 참령시대에 연실이의 할아버지는 군정이었다. 옛날 같으면 연실이의 할아버지라도 김류봉의 앞에 감히 앉을 자격도 없고 가까이 할 자격도 없는 사람이다. 연실이의 아버지도 이속이 되기 전에는 김강동(강동군수를 살았다고 김강동이라고 한다) 댁에 하인 비슷이 드나들었다. ……중략…… 이러한 호상 관계가 있는 김류봉과 지금 대등의 자격으로 마주앉아서 이야기를 할 때에 연실이의 마음에는 일종의 긍지까지 일어나는 것[12]이다.

---

11) 김동인, 앞의 책, 43면.

12) 김동인, 앞의 책, 86면.

김명순에게 당대의 세계는 부당한 사회적 제도와 인습과 편견 속에서 자아정체성을 확립하여 나아간다는 것 자체가 이룰 수 없는 꿈이었다. 어려움 속에서도 김명순은 작품 발표를 꾸준히 했다. 그러나 김명순의 이러한 노력에도 김기진은 성폭행을 당했기 때문에 성격이 이상하고 행실이 방탕하다며 인격 살해도 서슴지 않았다. 어떤 글을 발표해도 낭만주의 연애지상주의자로 결론을 내렸다. 이렇듯 한국문학사의 첫 페이지에 여성문인은 등장하지 않는다.[13] 김명순의 초기작은 한 개인의 노력으로는 극복할 도리가 없는 박탈적 현실에 직면함으로써 대면하게 되는 복합 비탄의 문제를 극복하고자 하는 욕망에서 비롯된 것임을 작가 스스로 밝히고 있다. 그리고 이러한 욕망은 곧 창작주체인 작가 자신의 상처를 치유하는 행위인 동시에 영적 성장의 출발지점을 의미하기도 한다.

강경애, 「어머니와 딸」(1931)

1930년대에 발표된 강경애의 「어머니와 딸」은 남성들의 탐욕스러운 욕망에 의해 고통받는 여성들의 삶을 다루고 있다. 남성 중심적인 가부장제 사회의 모순을 드러내고 있는 이 작품은 축첩제도의 비인간화를 고발한다.

작품의 내용을 살펴보면 여름 내내 힘들여 농사지은 것을 지주에게

---

13) 송명희, 『외로운 사람들』, (서울: 한국문화사, 2011), 머리말 5면.

몽땅 털어 준 예쁜의 아버지는 딸을 부자의 첩으로 주면 가난에서 벗어날 수 있을까 해서 지주 이춘식의 첩으로 보낸다. 이때도 남자가 아닌, 여성으로 태어난 딸은 혈육으로서의 자식이 아니라 가난을 면할 때 사용할 재화에 불과했다는 당대의 여성 현실을 드러내고 있다. 그러나 첩으로 들어간 딸은 노예나 다름없는 생활을 하게 된다.

겨우 딸 하나를 낳았으나 가혹한 구박만 당한 끝에 결국 집을 나오게 된다. 하지만 집 나온 여성, 삶의 근간이 훼손된 여성이 갈 곳은 당대의 현실에서 술집 밖에 없다. 작가는 제도적 결혼에 실패한 여성의 사회적 위치와 비극적인 현실을 세세히 보여주고 있다. 이는 결혼 후 주인공 옥이가 새삼 발견한 여성적 환경이기도 하다. 그러나 옥이의 어머니 예쁜에 대한 서술은 타의에 의해 영위되는 삶이라 모두 수동형으로 기술되고 있다. 스잔 로소브스키에 의하면 수동형의 기술은 객관적 세계로부터 탈출하려는 시도라고 했다.[14]

사생아로 태어나 기생이 된 시어머니 산호주의 경우, 고학생 강수를 사랑하여 일본 유학을 마치기까지 뒷바라지를 하였으나 학업을 마친 강수는 산호주에게 한 마디 의논도 없이 "깨끗한" 여학생과 결혼해버린다. 산호주의 진실을 배반한 강수는 도리어 결혼 후에도 계속 만나주지 않는다고 변심 운운하며 남성의 이기적인 모습을 보인다. 예쁜의 남편 이춘식과 다름이 없는 강수의 행위는 모두 능동형으로 기술되고 있다. 이것이 옥을 둘러싼 또 하나의 환경이다. 옥의 경우는 어머니, 시어머니와 다르게 정식 결혼을 거쳤지만 자유결혼을

---

14) Susan J.Rosowsky, *The Novel of Awakening*, Elizabeth Abel, Ibid, 53면.

신봉하게 된 남편 봉준의 이혼 요구 앞에 무력하다. 여성들은 결혼이라는 문턱을 넘으면서 여성이라는 환경을 둘러싸고 있는 사회적 위치를 비로소 인식한다. 문화가 다를 경우 인간은 사용언어가 달라질 뿐 아니라, 더욱 중요한 것은 상이한 감각세계에 살아가게 된다는 것이다.[15]

그러나 어머니 세대와 달리 옥에게는 해방의 기회가 주어진다. 여학교에서 신학문을 배울 수 있게 된 것이다. 이러한 환경은 옥의 정체성에 변화를 가져오고 자기발견과 성장을 이루게 하는 것이다. 이러한 변화를 경험하면서도 남편 봉준을 대하는 태도만은 옛날 그대로 변함이 없다. 작가가 자유주의적 여성해방의식에 비판적 자세를 견지했기 때문이라 볼 수 있다. 수백 명의 노동자를 위해 자기를 희생한 영실 오빠의 모습을 보고 난 뒤에는 종교적 회심에 비할 만큼의 심리적 변화를 겪는다. 이는 곧 옥이의 발화가 능동적으로 바뀌는 지점이기도 하다. 이후 옥은 어머니의 딸은 나라고 다짐하면서 봉준 앞에서 이혼을 수락한다. 남자의 뜻에 의해서 끌려가며 눈물이나 흘리는 삶이 아니라 자기가 자신의 주체가 되는 삶을 살기로 다짐하는 것이다. 옥은 공적 자기와 사적 자기의 일치로 해서 갈등을 해소시킨다.

이러한 사회적 의미의 여성발견이 이루어지기까지 지양되어야 할 여성 억압의 조건으로 제시되고 있는 것은 변함없이 가부장제 남성의 성적 폭력이고 그것을 비호하는 사회의 성차별주의이다. 그러나 자신을 길러준 시어머니 산호주의 간절한 부탁을 져버릴 수 없어 남편 봉

15) 에드워드 T홀, 김지명 옮김, 『숨겨진 차원』, 정음사, 1984, 13면.

준이 자기를 아내로 인정하지 않는 것, 논밭을 마구 정리해 낭비를 하는 것, 심지어 여학생 뒤를 쫓아다니며 짝사랑에 괴로워하는 것까지 두루 참으며 순종했던 옥이 결국 자아에 눈뜨게 되는 것, 영실 오빠를 통한 사회적 시각의 획득은 20년대 비전 없는 여성해방의식으로부터 비전의 획득이라는 의미가 있다.

여성 정체성의 인식은 여성을 둘러싸고 있는 억압에 대하여 정신적 파멸, 자살, 무기력으로 떨어지는 대신 동료 여성의 지원과 신뢰로 파괴적 상황에 저항한다는 데에 그 의의가 있다. 이런 주인공의 모습과 행동은 '남성적 가치' 가운데서 선택된 부분과 '여성문화'에서 가장 뛰어난 부분을 결합한[16] 새로운 사회 질서를 예견케 하는 의미 있는 성취라 할 수 있는 것이다.

김말봉, 『화려한 지옥』(1946)

김말봉은 습작기 작품에서부터 여성문제에 관심을 가져 등단작은 윤락녀의 문제를 다루었고 이후의 소설에서 윤락녀의 문제와 공창문제를 다루었다. 그는 『화려한 지옥』의 서문에서 "여인은 인간이면서도 약하고 약하면서도 선하고 그리고 어느 의미에서는 남자보다 훨씬 강한 일면이 있는 것이다.[17]"라고 쓰고 있는데, 이는 그가 여성을 남성과

16) 한국여성연구회 문학분과 편역, 『여성해방문학의 논리』, 창작과 비평사, 1990, 99면.

17) 김말봉, 『화려한 지옥』, 문연사, 1951. 서문.

는 분명히 다른 '차이'일 수 있다는 인식을 보여주는 부분이라 하겠다.

오늘날 우리의 성 규범은 공식적 체계와 비공식적 체계의 이중구조로 되어 있다. 공식체계가 합법적 윤리적인 반면에 규범에서 벗어난 비공식 체계의 성규범은 매춘 등 부부관계 외의 성관계, 즉 외도를 일컫는 비윤리적인 것이다. 성에 대한 이러한 이중규범의 구조는 여성억압의 역사를 반영하면서 동시에 여성 억압을 재생산해 왔던 것이다. 정숙한 여성과 비정숙한 여성으로 이분화 된 여성상은 이와 같이 왜곡된 성문화의 소산이다. 구여성운동에서 국제적인 이슈로 제기되었던 매춘의 문제는 작가 김말봉에게 일차적으로 해결하여야 할 초미의 모순으로 인식되었던 것이다.

"군정 법령 제70호— 인신매매는 금지됩니다. 여자를 사고팔거나 일정한 기한 또는 무기를 막론하고 돈으로써 어떤 계약 아래서 사람의 자유를 속박하고 감금할 수 없습니다."[18]

군정법령 제70호는 1946년 5월 17일에 발표된 것인데, 바로 소설 『화려한 지옥』이 연재되고 있었을 시기와 거의 맞물린다.

정하은에 의하면 해방이 되자마자 김말봉이 앞장서서 폐창운동을 전국적으로 전개해 나갔는데[19] 이러한 공창폐지 운동은 소설 『화려한

---

18) 『화려한 지옥』, 78면.

19) 전국 폐창 연맹에는 14개 여성단체가 가맹되었으며, 그 위원장에 김말봉이 당선되었다. 이러한 운동으로 1946년 인신매매 금지령이 내려졌고, 1948년 입법화되어 공창폐지가 드디어 선포되기에 이르렀다. 역사적으로 공창제도가 세워진 것은 1923년 일제 경무 총감부령으로 유곽업 창기 취체 규칙이 공포되면서부터였다. 처음에는 일본 게이샤들로 시작된 것이 1923년에는 전국적으로 한국인 창기가 1만 2천여 명으로 늘어나 사회문제로 되었다. 1920년대 중반에 물산장려운동과 함께 기독교 각 단체들이 공창폐지를 공식으로 요구하였다. 정하은, 「반속

지옥』 속에 어느 정도 그려진다. 주인공 창기 오채옥을 통해 이중구조의 성규범 체계를 가지고 남성에게 성적 일탈을 허용하고 있는 이 사회가 여성에게 주는 억압의 실체를 드러내고 있다.[20]

소설 내용을 보면 인신매매 금지령이 포고되자 유곽의 여인들은 자유의 몸이 되어 거리로 나왔으나 갈 데가 없어 길에서 떠돌게 된다. 이들을 유 여사라는 이가 전재민 수용소에 수용하여 아침 아홉 시부터 오후 세 시까지 메리야스 짜는 일을 하도록 이끌고 자립할 길을 가르쳤는데 여인들은 이틀 만에 다 달아나 버렸다. 향락적인 생활을 하던 그들은 수수밥에 거적자리 잠을 견디지 못하였던 것이다. 공창은 폐지되었으나 여관과 하녀의 형식으로 유곽은 새로이 부활하였던 것이다.

> … 공창폐지연맹이 조직된 원인은 여기에 있습니다. 공창을 폐지하자. 그러나 공창을 근본적으로 구원할 수 있는 대책을 세우자는데 우리 연맹의 목적이 있는 거야요.[21]

인용에서 보듯이 공창폐지연맹은 인신매매금지령이 포고된 후에 공창폐지 후의 대책 마련을 위해 결성된 듯하다.

> 민족의 보건을 위하여는 우도 좌도 없습니다. 오직 외길이죠. … 얼핏 생각하면 그까짓 폐업 창기 일이천 명을 위하여 우리가 일어선 것 같지만 그것은 표면만

정신의 금자탑을 세운『화려한 지옥』」,『김말봉의 문학과 사회』, 종로서적, 1986, 122-123면.

20) 서정자,『한국 여성소설과 비평』, 푸른 사상, 2001, 142면.

21) 김말봉,『화려한 지옥』, 129면.

관찰한 것이죠. 좀 더 깊이 따져 본다면 민족의 보건[22]문제입니다.

작품 속에서는 이렇게 해서 유곽으로부터 뛰쳐나온 여인들을 위한 희망원이 계획되고 드디어 실현된다. 물론 작품 속에서의 일이었을 뿐 실제 상황은 그렇지 못했다. 실제 작품에서 언급 된 것처럼 좌우의 구분 없이 공창제 폐지를 위해 한 목소리를 내었지만 실제 정치적 사회적 입장에서는 대부분 첨예하게 대립되었다.

미군정의 여성정책에 나타난 여성은 '개인'으로서의 독립된 여성이 아니라 가족의 삶 속에서 규정받는 아내이자 어머니이자 딸인 '부녀자(婦女子)'였다. 여성을 부녀자로 보는 한 근대적인 개인의 개념에 기초한 '시민'으로 여성을 인식하기가 어려워진다. '부녀'라는 말은 사회적·상징적 의미를 지니고 있다. 미군정이 도입한 서구적인 법질서는 형식적으로는 여성들을 봉건적 속박에서 풀어주고 참정권을 인정했다. 그러나 현실적으로 이 시기 여성들의 정체성은 '개인'으로서의 독립적 여성이라기보다 가족의 삶 속에서 규정받는 '부녀', 즉 아내이자 어머니 또는 딸이었던 것이다. 따라서 정책적으로는 '몽매한' 여성 대중에게 민주주의 평등, 합리적 가정 살림 등 서구적 가치를 계몽한다고 했지만 그 정책 대상은 남성과 대등한 인간으로서의 여성이 아닌 '부녀'였다.[23]

공창 폐지 후의 정책에서도 미군은 성병치료, 교화지도를 강조했을

22) 위의 책, 같은 면.

23) 황정미, 「발전 국가와 모성」, 『모성의 담론과 현실: 어머니의 성, 삶, 정체성』, 나남출판, 1999, 177-178면.

뿐 행사성의 강연 좌담회 등이 대부분이었다.[24] 결국 일제의 잔재를 일소하고 봉건 유제를 철폐하기 위해 제정되었던 공창제 폐지는 사창의 급증이라는 새로운 문제만 남겼다.[25] 여성의 삶에 치명적 장애요소였던 봉건적 유물이자 노예시장이나 다를 바가 없었던 공창의 문제가 여성 작가인 김말봉의 시선에 포착된 것은 지극히 당연한 일이라 할 수 있을 것이다.

작품의 내용을 살펴보면 여성문제에 접근하는 작가의 의식이 좀 더 선명하게 부각된다. 소설은 창기 오채옥의 왜곡된 삶을 그리고 있지만 남자 주인공 황영빈의 세 여인을 통해 당시 사회가 허용하고 있는 이중구조적인 성규범의 실체 및 모순을 낱낱이 드러낸다. 황영빈은 세 여인과 각각 관계를 형성한다. 창기 오채옥과의 육체적 관계, 백송희와 연애관계, 그리고 부모님의 권유로 만나고 있는 은숙이다. 우선 채옥과의 관계이다. 채옥이가 자신의 아이를 배었다고 하더라는 말을 김화용으로부터 들은 황영빈은 비웃음으로 일관한다.

> 그까짓 유곽의 계집쯤 무어라 지껄인들 소용있나… 허지만 소문이 나면 귀찮으니 말야.[26]

다음 백송희와의 관계에서 황영빈은 그녀와 그녀 어머니의 마음을

---

24) 강이수, 「미군정기 공창폐지와 여성운동」, 『미군정기 한국의 사회변동과 사회사』, 한림대학교 아시아문화연구소, 1999, 289면.

25) 김정숙, 「공창은 폐지되었는데 사창은 급증」, 『우리나라 여성들은 어떻게 살았을까2』, 청년사, 1999, 173면.

26) 『화려한 지옥』, 44면.

사기 위해 온갖 노력을 다하나 어머니의 허락을 받아내자 혼인을 빙자하여 송희의 정조를 유린한다. 송희는 황영빈과의 하룻밤을 지낸 후 매독이라는 성병에 걸린 사실을 알고 충격을 받으며, 황영빈으로부터 따돌림을 받게 된 후부터 고민에 빠진다. 마침 모 성당에 기부금을 내고 자신의 비리를 은폐하려다 실패한 손성묵의 부탁으로 공창폐지 연맹을 찾은 송희는 이들의 사회봉사정신에 공감한다. 송희는 채옥이 황의 아이를 임신한 사실까지 알게 되자 황영빈에 대한 감정은 증오로 바뀌고, 황영빈이 채옥의 아이를 "창기나 기생의 배때기에서 무엇이 나오겠소, 매독과 임질 미균으로 범벅이 된 고기덩이를 누가 어쩌란 말이오."라고 하자 기생이었던 자기어머니와 자신에 대한 모욕감까지 느껴 그는 황에게 돌려주려던 권총으로 황을 살해하고 만다.

오늘날도 우리는 이중구조의 성규범 체계를 가지고 있다.[27] 그런데 이런 이중체계는 분리되어 있는 것이 아니라 여성의 성 통제를 위해서, 남성 중심의 성 문화를 위해서 필연적으로 상호보완관계에 있는 것이다. 황영빈은 교회에 나가는 신앙인이면서도 이러한 이중구조의 성의식을 가지고 있다. 오채옥이 공식체계의 성 규범이 갖는 한계를 보완하기 위한 비공식적 성 규범의 희생자로서 도구화되었다면, 황영빈은 그러한 허용된 논리를 좇아 매춘을 하였던 것이다. 따라서 창기 오채옥이 자신의 아이를 배었다는 주장을 내보일 때 그까짓 유곽의 계집이 지껄이는 소리 문제 삼을 것 없다는 식의 반응을 보인 것이다.

27) 장필화, 『성에 관련한 여성해방론의 이해와 문제』, 한국여성학회 춘계 학술발표회 발표논문, 1989.

아이를 낳을 수 있는 여자란 공식 체계의 성규범에 의해 맺어진 순결한 여자라야만 하는 것이다. 따라서 혼전에 정조를 유린당한 백송희의 경우 순결 이데올로기에 함몰될 수밖에 없다. 황영빈은 이러한 송희와 결혼한다는 약속을 어기면서 은숙과 결혼을 추진한다. 말하자면 송희가 느끼는 죄의식 내지 상실감을 황영빈은 전혀 느끼지 않는다는 것이다. 여기에서 은숙은 정숙한 여성으로서 부정한 여성의 대비적 표상으로만 존재하는 것이다. 송희는 황영빈이 외면함으로써 비공식체계 성 규범의 여성, 즉 부정한 여성으로 전락하고 만다. 이를테면 남성중심주의의 성 규범체제의 희생자인 것이다. 더구나 송희가 기생의 딸이라는 설정에서 그는 남성중심주의 성규범체제가 지니는 모순의 핵심에 위치하게 된다. 황영빈을 비롯한 소설 속 등장인물 중 남성 인물은 거의 모두가 남성중심 사회가 낳은 성 일탈 내지 이중적 성규범을 충실히 이행하고 있다. 작가는 당대의 현실을 남성중심주의의 이중적 성 규범체계가 여성으로 하여금 극도의 모순과 억압 속에서 살게 하는 것으로 파악하고, 성 규범의 비공식 논리체계인 매춘이 빚는 모순과 비극을 집중적으로 파헤침으로써 이중적 성 규범의 피해자인 여성의 현실을 강도 높게 고발하였다.

그러나 『화려한 지옥』에서 살펴 볼 수 있는 가장 특징적인 요소는 여성의 경험이 중요한 모티브를 구성하고 있다는 사실이다. 모성모티브가 그것인데 이 모성모티브는 『화려한 지옥』의 주인공 채옥으로 하여금 오욕의 과거를 딛고 생을 포기하고자 했을 때 삶의 의욕을 부여하는 생명력의 근원으로 작용한다.

"꼬부락"

붕어새끼가 물을 먹는 듯도 하고 올챙이가 꼬리를 놀리는 듯도 한 그러한 움직임을 감각하였다. 순간 채옥은 가슴이 두근거렸다. 당황하고 놀라웁고 신비스러웁고 황홀한 모든 정서를 한데 뭉쳐놓은 듯한 그러한 감격이 채옥의 더러워지고 상처난 온 몸의 혈관 속에 용소슴하고 돌아간다.

… 중략 …

"죽다니 될말인가. 뱃속의 생명을 위하여 단연코 단연코!"

채옥은 보따리 속에서 타올을 끄내어 몬지와 눈물에 더러워진 얼굴을 문지르며

"살자 살어보자!"

하고 입속으로 중얼거렸다.[28]

인용의 예에서 나타나고 있듯이 여성적 체험이 잘 드러나는 부분이다. 여성작가만이 체험 가능한 특수성 때문에 절망적인 마음을 아궁이 속처럼 컴컴하여졌다고 표현하는 등 세세한 묘사를 통해 여성만이 할 수 있는 여성만의 영역을 모성모티브를 통해 표현하고 있는 것이다. 그러나 가해자 일변도의 남성인물 설정과 대단원에서 채옥과 최의사와의 결혼으로 맺어지는 희극적 결말이 리얼리티를 떨어뜨리고 있는 것은 사실이다.

특히 송희의 갈등을 황영빈을 살해하는 동기로 삼는데 그치고, 채옥은 끝내 성병의 감염으로 인한 사산을 하게 되는데 이로서 그의 모성모티브는 민족의 보건에 경종을 울리는 것으로 그치고 만다. 그러나 모성모티브의 차용으로 남성 작가가 드러낼 수 없는 영역을 여성의 언어로 나타내 보였다는 데에는 여성정체성 인식이 나아간 또 하나의 성과로서 그 의의가 있다 할 것이다.

28) 『화려한 지옥』, 147-149면.

이상과 같이 일제 강점기를 지나 해방 이후에까지 발표된 소설 속에 나타난 여성의 삶과 자의식 문제를 주로 남성인물과의 대비와 그들의 시선을 통해 살펴보았다.

역사적 상황이 급변할 때 마다 여성의 삶은 남성이라는 또 다른 장애 요소에 의해 이중의 억압에 놓여 있었다. 여성에 대한 사회적 인식 속에는 편견이 잠재해 있고 그로 인해 전통과 인습에 의한 비상식적인 억압이 상존하고 있었기 때문이었다.

또한 대다수의 여성들이 스스로가 시대의 희생물로 존재한다는 사실조차 자각하지 못하고 있었기 때문에 전통적 윤리에 대응하는 여성들에 대한 적은 여성이었을 만큼 가부장적 이데올로기에 학습된 여성이 오히려 여성을 억압하고 있다는 사실 또한 확인할 수 있었다.

자유주의와 가족 로망스

해방의 소용돌이 속에서 사회는 급변하고 있었지만 여성의 사회적 지위는 여전히 지속되고 있는 봉건적 가족주의 사이의 불화에 위치해 있었다. 그리고 그 과정에 개입한 한국 전쟁, 빈부 간의 갈등과 계급간의 대립 사이에서 가장 강력해진 것은 계급이 아니라 가부장적 남성 권력의 강화였다. 이러한 가부장제의 시각에서는 차이란 획일적인 것이 될 수밖에 없다. 또한 그 획일성은 평등의 선결 조건으로 해석되기 마련이다. 이처럼 무엇이든 가시화시켜야 한다는 것, 현실의 갈등을 최대한 극대화한다는 것이 문학 작품의 숙명이라 할 수 있을 것이다.

1950년대는 이처럼 전쟁으로 인한 궁핍과 우울의 시대였고, 분단과 냉전 이데올로기라는 한반도 특유의 불우한 상황이 시작되는 때였다. 하지만 그 안에서 새로운 출발을 모색하던 '거대한 에너지 분출의 시대'이기도 했다. 이 시기에 한국사회는 서구 민주주의와 자본주의라는 '보편성'을 추구하는 시대 동향 속에 놓이게 되고 외견상 급속하게 미국화, 근대화되기에 이른다. 미국식 민주주의의 유입에 의해 부분적으로 개량된 정치 문화적 정책들, 그리고 자본주의 문화의 개방에 따른 생산과 소비의 논리가 생활과 문화의 각 영역에 전면적으로 확산되고 있었다.[29)]

이러한 사회적 변혁은 여성의 자의식에도 많은 영향을 주었다. 사적 공간에 유폐되다시피 했던 자신들의 삶을 공적 공간으로 이끌어내려는 시도가 보이기 시작했던 것이다.

혼란은 한국의 도시화 과정에서도 나타난다. 산업화와 함께 도시화가 이루어진 서구와 달리 한국에서는 분단과 한국 전쟁으로 인해 비정상적인 속도로 급속히 이루어진다. 1945년 8·15 해방 이후에는 일본이나 만주 등의 귀환 동포가 150여만 명이었고, 월남인도 약 50여만 명이 이남으로 내려왔다. 그들은 출신지(대부분 농촌)보다는 식량 배급과 일자리의 기회가 있는 서울이나 도시로 몰려들었다. 한국전쟁 동안 정부는 월남인들을 포함한 피난민들을 농촌으로 배치하려고 노력했으나 대다수 피난민들은 서울이나 부산, 인천 등의 도시로 몰려들었다. 결국, 1950년대 도시의 삶은 이질적이고 낯선 사람들과의 불신으로 가득 찬 관계였으며 상호 폭력과 기만으로 가득 차 있었다. 그러한 사람들 간의 불신 속에서 믿을 것은 자기 자신과 '축소된 가족주의'[30] 뿐이었다. 축소된 가족주의 사회는 과도한 교육열을 부추겼다. 고등교육을 통해 출세와 사회적 희소가치에 접근하려는 열망은 배금주의와 가족이기주의를 정당화시켰고 그 외의 모든 가치를 무력화시켰다. 이미 1950년대 일류로 분류되는 서울 시내 중심 초등학교에 들어가기 위한 위장전입이나, 명문 중·고등학교 입학을 위한 과외가 심각한 사회문제로 나타났다. 거기에는 도시 중산층 주부의 '치맛바람',

29) 김미현, 『한국영화사』, 커뮤니케이션북스, 2006, 131면.

30) 강인철, 「한국전쟁과 사회의식 및 문화의 변화」, 『한국 전쟁과 사회구조의 변화』, 한국정신문화연구원, 백산서당, 1999.

농민의 '우골탑', 월남인의 '북청 물장수'가 일익을 담당했고, 특히 '희생적인 모성론'이 자리를 잡아가고 있었다.

또한 50년대의 한국사회에는 미국문화가 뿌리를 내리고 확산되었다. 1950년대에는 원조경제가 자리 잡게 되면서 한국 경제의 대미 종속이 심화되는 한편, 한국민들에 의한 미국 문화의 자발적인 수용이 미국에 대한 동경 속에서 이루어지고 있었다. 미국의 팝송과 절대빈곤과 영화, 크리스마스와 기독교, 원조물자 및 구호물자로 들어온 밀가루, 옥수수가루, 우유를 포함한 식품류, 의류나 의약품, 미군부대에서 흘러나온 휘발유와 기계부품, 미군부대 매점 PX(post exchange) 물자와 부대고기, 소위 모든 '미제'의 보급과 확산은 한국민에게 미국을 '은인의 나라'로 내면화시키면서 미국식 생활양식을 동경하게 만들었다.

그러나 이러한 타율적 삶의 방식에서 서서히 벗어나기 시작한 1960년대에 들어서면 한국은 근대화, 산업화, 도시화의 경험을 최초로 갖기 시작한다. 자본주의의 급격한 재편 속에서 겪게 되는 도시의 비정과 그럼에도 불구하고 떨쳐버릴 수 없는 도시에 대한 동경과 같은 새로운 정서가 남성은 물론이요, 여성 인물들을 통해서도 드러나기 시작한다. 그러나 여성은 더욱 공고해진 가부장제 이데올로기로 인해 제대로 평가받거나 주목받을 수 없었다. 분명히 의미를 가진 현상이나 주목받을 수 없었던 이것을 헬레나 미키는 '문화적 틈새'라고 불렀다.[31] 작가나 주인공들로 하여금 여성문제를 올바르게 인식하는데 하나의 장애 역할을 하였다고 보는 것이다.

31) 헬레나 미키, 김경수 옮김, 『페미니스트 시학』, 고려원, 1992, 27면.

『자유부인』(1954)

작가 정비석은 이 작품을 쓰게 된 동기가 봉건주의 사회에서 자유민주주의 사회로 넘어가는 과도기의 가정적인 혼란상과 사회적인 부패상을 그려봄으로써, 참된 민주주의란 어떤 것이어야 한다는 것을 보여 주고자 하는 데 있다고 밝혔다. 따라서 이 소설의 주인공은 사회의 정신적인 지표인 대학교수 부부라야 했고, 그 밖의 인물들은 당시의 부패상을 상징하는 정치브로커라야만 했던 것이라며 당시의 심경을 1985년 재판(再版)을 내는 지면을 통해 소상히 언급했다.[32]

작품의 창작 배경과 달리 작가가 주인공에 대해 의식했던 부분은 진정한 의미의 자유와 인간의 존엄성에 천착하고 있음을 작품 속에서 보여주고 있다. 이로 인해 그 시기의 정치권이나 사회적 인사로부터는 맹비난을 받았던 작품이기도 하다. '북괴의 사주로 남한의 부패상을 샅샅이 파헤치는 이적 소설'이라는 규탄을 받았고 그런 연유로 시경, 치안국, 특무대 등 수사기관의 취조를 받아야 했다.

그러나 대중의 반응은 전혀 달랐다. 『자유부인』을 연재한 《서울신문》의 부수가 기하급수적으로 불어나다가 연재가 종결됨과 함께 5만 2천부 이상이 격감되었다고 하는 것을 보더라도 가정의 울타리를 벗어난 선영이라는 여주인공에 대한 독자의 반응을 짐작할 수 있는 것이다.

『자유부인』의 문제성은 전후 사회의 한 단면과 전후 소설의 존재 방식을 이해할 수 있는 중요한 근거를 제공한다는데 있다. 교육인구

32) 정비석, 『자유부인』, 고려원, 1985, 7면.

의 양적인 팽창과 급속한 도시화의 진행, 우익 반공체제의 확립 등을 통해서 이 시기는 전후 한국 사회의 성격이 결정되는 급격한 변화의 소용돌이 속에 처해 있었다.[33]

전쟁의 참혹함 속에서 밀물처럼 유입된 외래문화는 전통적인 도덕과 가치를 급속하게 붕괴시켜 책임과 의무를 외면한 채 개인의 욕망만을 앞세우는 정신의 공백 상태를 불러왔다.『자유부인』에서 목격되는 전후의 황폐화된 현실에 새롭게 유입되는 서구적 가치와 전통적 가치의 갈등, 물신화(物神化)된 욕망을 바탕으로 서서히 똬리를 틀기 시작한 천민(賤民) 자본주의적 정서 등은 당대 현실에 만연된 가치 부재의 혼돈을 보여주는 사례들이다.[34]

1950년대의 사회 현상 중에서 무엇보다 현저한 것은 대중문화의 약진이다. 이념에 대한 강박이 사라진 것은 아니나 일제강점기나 해방공간보다는 이념의 무게로부터 상대적으로 자유로웠던 시대였다. 이념에 대한 강박이 사라졌을 때 남는 것은 생활에 대한 감각이다. 50년대는 개인의 사적인 생활방식이 주요 영역으로 떠오르던 때였고, 따라서 사적 공간이 주 무대였던『자유부인』은 전후 현실에 대한 문학적 증언으로 먼저 이해될 수 있는 것이다. 이런 점에서『자유부인』

---

33) '근대성'에 대한 논의가 활발해지면서 최근 사회과학계에서 활발하게 논의된 시기가 식민지 근대와 전후 1950, 60년대이다. 식민지 근대화와 전후 이승만 · 박정희 정권의 근대화 정책을 어떻게 볼 것인가가 중요한 논점이다. 자세한 것은『해방 50년의 한국 정치』(새길, 1995),『박정희 시대와 오늘의 한국 사회』(학술단체 협의회, 1997), 백낙청의「한반도에서의 식민성 문제와 근대 한국의 이중과제」(『창작과 비평』, 1999년 가을) 등 참조.

34) 강진호,「1950년대의 현실과 도덕적 계몽의 서사」,『한국의 대중문학』, 도서출판 소화, 2001, 144면.

은 그 출발점이었다.

소설『자유부인』에서 중심 소재가 된 '자유'라는 말은, 여러 문헌에서 확인되고 있듯이, 당대 사회의 정신적 분위기를 대변하는 하나의 지표(指標)와도 같았다. 정비석이 문제 삼고 있는 선영과 그 주변 인물들의 타락은 당시로서는 매우 심각한 사회문제였고 정비석은 그런 시대의 현안을 문제 삼고 있는 것이다.

작품에는 두 부류의 인물이 등장한다. 하나는 시대 흐름에 민감하게 반응하는, 즉 자유주의를 맹신하는 인물들이고, 다른 하나는 이런 흐름에 비판적이고 보수적인 자세를 견지하는 사람이다. 전자는 욕망의 화신과 다름없는 존재인 반면, 후자는 도덕주의적 입장을 견지하는데, 오선영을 포함한 화교회 회원, 대학생 신춘호, 국회위원 오병헌 등 거의 대부분은 전자에 속하는 인물들이고, 후자에는 오선영의 남편인 대학교수 장태연이 있다. 이 두 부류의 인물들을 통해서 작가는 전후 사회의 실상을 그려내는데, 특히 시선이 집중된 인물은 당시 세간의 화제를 모았던 오선영이다. 허영심에 사로잡혀 자식과 남편을 버리고 가출한 행적은 문제적이지만, 결말은 당대의 도덕적 가치를 대변하는 것으로 이해할 수 있다.

두 자식을 돌보고 학자인 남편을 존경하는 평범한 가정주부였던 선영이 남편을 경멸하고 가정을 뛰쳐나오는 것은 사회 전반에 넘쳐흐르는 자유주의 사상을 접하고부터다. '단성사' 광고판에는 남녀의 애정을 노골적으로 표현한 그림들이 걸려 있다. 그런데 선영은 이런 풍경에 거부감을 갖기보다는 오히려 "신비의 세계요, 동경의 세계"로 받아들인다. 이성교제에도 적극적인 대학 동창생들의 모임이 있고, 그

모임의 회원은 최신 유행의 옷을 다투어 입고 돈을 물 쓰듯이 쓰면서 자유롭게 애인들과 어울린다. 이런 광경을 목격하면서 선영은 남편 뒷바라지와 가난한 살림살이 속에 갇혀 있는 자신의 삶을 '노예의 생활'로 인식하게 된다. 이런 선영이라는 여성을 통해서 작가는 전후의 정신적 도덕적 혼란상을 보여주고 있다.

이러한 상황은『자유부인』에도 반영되어 미국식 자유 바람으로 전통적 가치가 무너지는 사회분위기가 다양하게 나타나고 있다. 사실 1950년대에는 '춤바람', '치맛바람', '계바람'을 통칭하는 '3바람'이라는 말이 있었다. 이는 여성의 사회 진출이 확산되고 가정에서의 역할이 제고되면서 일부 여성들이 경제적 처분권을 가지게 됨에 따라 일어나는 현상이라고도 볼 수 있다.

『자유부인』은 사회학적 문제를 드러내려 한 작가의 의지대로 '자유'라는 미명 아래 행해진 전후 사회의 도덕적 혼란과 물신주의적 타락, 점차 구조화되는 천민자본주의적 정서를 문학적으로 증언하고 있는 것이다. 그러나 인물들의 행위를 조종하는 작가의 여성관은 치우쳐있다. 여성에게는 가혹하나 남자에게는 여전히 지나치게 관대하기 때문이다. 말하자면, 남자인 장태연은 시대적 흐름을 수용해야 대학교수로서의 신분이나 가정적 지위를 유지할 수 있다는 것이고, 여성들은 그러지 말아야 한다는 식이다. 또한 한국사회는 가족이라는 제도와 가족주의 이데올로기가 압도적인 지배력을 가지고 있다는 사실을 부각시키고 있다. 특히 한국 전쟁은 성 역할에서도 대대적인 변동을 야기했는데, 전쟁의 여파로 가장이 부재하거나 남성들이 무력화되자 여성들이 대거 공적 영역에 진출하면서 사회 참여를 넓혀갔기 때문이다.

그 결과 기존의 가사노동과 육아라는 전통적인 성 역할에서 벗어나게 된 여성들은 새롭게 성적 욕망과 소비의 주체로 부상하게 됨으로써 다양한 사회적 관심을 받았고, 또한 비난의 대상이 되었다.

소설『자유부인』의 여주인공 선영의 행동을 분석해 보면 앞서 언급한 문제들을 어렵지 않게 포착해 낼 수 있다. 오선영은 그 시대의 존경받는 교수 부인의 자리에 있지만 일반적인 통념과는 달리 만족스러운 결혼생활을 하지 못한다. 교수인 오선영의 남편 장태연은 경제적인 어려움에는 무심한 채 자신의 명예와 소신을 위해 연구에만 몰두하는 인물이기 때문이다. 그러나 장태연은 사회적 지위가 부여한 범위 내에서 낭만적이고 정신적이며 진실한 사랑의 감정을 품위 있게 향유 하고 있다. 또한 작품 전편을 통해 남편인 자신에 대해 철저하게 헌신하지 못하는 아내를 맹비난한다. 남편인 자신이 사회인으로서 행하는 모든 행동들은 도덕적으로 완벽하게 정당화 되지만 그것으로 인한 남편의 부재에는 성찰이 없다. 결혼한 모든 여성은 어떠한 상황에서도 인내할 것만을 강요하고 있는 것이다. 뿐만 아니라 작가는 틈나는 대로 작품 속에 등장하여 그 시대의 독자들에게 훈계한다.

> 만천하의 사모님들이시여! 삼가 묻노니, 사모님들은 목전의 부질없는 체면을 유지하기 위하여 남편의 직무에 부당한 간섭을 하신 일은 없으시나이까. 부귀와 영화를 자랑하고 싶은 철없는 허영에서, 고급 승용차로 거리를 횡행하시는 일은 없으시나이까.[35]

인용한 글은 오선영이 남편 몰래 뇌물을 가져온 학생 원효삼의 점

---

35) 정비석,『자유부인』, 고려원, 1985, 234면.

수를 고쳐버리는 대목에서 작가가 개입한 부분이다. 오선영의 갈등과 고통은 그저 현실에 불만을 가질 수밖에 없는 철없는 허영 쪽으로 몰아가고 있고 장태연이 타이피스트 박은미와 교제를 하는 것은 연애임에 분명하나 품위 있는 문화생활에 속한다는 것을 은연중에 강조하고 있는 것이다.

> (박은미야말로 나에게 연애 감정을 품고 있는 것이 아닐까?)
> 장교수는 그렇게 생각하자, 별안간 가슴이 뛰놀며 얼굴이 달아올랐다.
> … 중략…
> 하기는 까놓고 말하자면, 장태연 교수도 마누라를 나무랄 만한 자격이 없는 남편이기는 하다. 이웃집 처녀의 종아리에 반해서 결혼시계를 저당 잡혀 저녁을 사준 점이라든가, 밤중에 남의 집 규수의 창문 밖을 배회하며 점잖지 못한 공상을 한 점이라든가…, 모두 아내에게는 부끄러워 해야 할 노릇이었다. 그러기에 장교수도 박은미와 교제가 시작되던 초기에는 아내에게 몹시 거북하게 생각했건만, 시일이 경과되는 데 따라, 이제는 자기의 죄상은 천연스럽게 생각하면서 아내의 부당한 행위만을 나무라게 되었다. 소위 〈바늘 도둑이 소도둑 된다〉는 격이었던 것이다.[36]

> 그러나 오늘날 자유부인들이 놀아나는 것은, 먹고 살기 위해서가 아니라 순전히 허영 때문인 것이다. 그들의 행동에는 하나에서 열까지 허영 아닌 것이 하나도 없다. 화장을 하는 것도 허영이요, 옷치장을 하는 것도 허영이요, 사교를 하는 것도 허영이요, 계에 가입하는 것도 허영을 만족시키기 위한 행동에 지나지 않는다. 오선영 여사는 '젊다'는 허영심을 만족시키기 위하여, 철없는 대학생에게 성적 충동을 일으키게 하는 파렴치한 행동조차 사양치 않았다. 그런 허영의 괴뢰가 어찌 오선영 여사 한 사람뿐이랴. 민주주의란 과연 좋은 사상이기는 하다. 그러나 자유와 방종이 혼동되어 사회 질서가 그로 인하여 파괴될 우려가 있을 경우에는 민주주의를 잠시 무시해도 좋으니, 여성 각자에게 지각이 생길 때

36) 정비석, 『자유부인』, 22면.

까지는 아낙네들을 엄중히 단속할 필요가 있을 지도 모른다.
장태연교수가 마누라 단속에 조금만 엄격했던들 오선영 여사가 그처럼 허영의 날개를 펴지는 못했으리라. 장태연씨는 어디까지나 선량한 대학교수였기 때문에 시대에 순응하여 마누라에게 자유를 주었다. 그리고 오선영 여사는 자유를 얻기와 동시에 가정을 배반하고 남편의 무능을 비웃게 되었다. 사상적 변화기에 흔히 있을 수 있는 현상이기는 하지만, 실로 놀라운 과오요, 실로 놀라운 허영인 것이다.[37]

인용된 문장들에서 볼 수 있듯이 여성의 내면에 '자각'이라는 신세계가 펼쳐질 때까지 남편들은 어떤 식으로든 그 행동을 구속하여야 한다는 표현을 직접적으로 하고 있는 것이다. 여성의 내면에 자각이라는 신세계가 펼쳐지려면 스스로의 노력이 요구되는 것이 아니라 남성들의 구속과 보호가 없을 시에는 결코 얻을 수 없는 결과라는 듯이 말하고 있는 것이다.

전쟁 후 미군이 주둔하면서 개방적인 풍조가 만연해지는 상황이었으므로 남성들의 위기의식이 과도하게 드러날 수 있었다는 정황을 감안하더라도 남성 주도하에서 조종 될 수밖에 없었던 당대 여성의 삶이 잘 드러나는 부분이라 할 수 있다.

작품의 중심 소재가 되고 있고 등장인물이 남발하고 있는 '자유'라는 말은, 여러 문헌에서 확인할 수 있는데 당대 사회의 정신적 분위기를 대변하는 하나의 지표와도 같았다. 자유라는 말이 홍수처럼 범람했고 모든 일탈과 방종이 자유라는 이름 아래 버젓이 행해졌던 전후의 현실[38]을 고려하자면, 정비석이 문제 삼고 있는 선영과 그 주변 인

37) 정비석, 『자유부인』, 36면.

38) 유종호, 「자유라는 이름 아래」, 『비순수의 선언』, 민음사, 1995, 288면.

물들의 타락은 일부에 지나지 않지만 당시로서는 심각한 문제였고, 정비석은 그런 시대의 현안을 문제 삼고 있는 것이다. 실제로 정비석은 자신의 창작 의도를 아래와 같이 밝힌 바 있다.

> 〈자유부인〉에 대한 나의 근본적인 작의(作意)는 봉건주의 사회에서 자유민주주의 사회로 넘어 가는 과도기의 가정적인 혼란과 사회적인 부패상을 소설로 그려봄으로써, 참된 민주주의란 어떤 것이어야 한다는 것을 보여주고자 하는데 있었다.[39]

이는『자유부인』이 지식인의 대 사회적 발언이라는 사실을 확인시켜 주고 있다고 보아도 무방할 것이다. 그러므로 선영의 문제를 과장해서 고발하는 남성의 시각[40] 역시 의도적인 것이라 볼 수 있는 것이다. 바르트적 맥락에서 신화myth란 이야기가 진실과 정당함과는 관계없이 그 시대의 지배적인 이데올로기로 자리 잡은 것을 말한다. 현대의 대중에 낯익은 악녀 이미지는 세계 도처의 신화들로 거슬러 올라간다. 그 가운데 그리스 신화에 등장하는 최초의 여성인 판도라는 악녀의 원형이다. 판도라는 신들에게 한 가지씩 선물을 받아 완벽한 미모를 갖고 태어난 여성으로 그 선물의 대가를 치르기 위해 영웅 프로메테우스를 파괴해야 했다. 프로메테우스의 파괴는 신의 명령이라는 점에서 그녀의 배신은 자신의 의지를 벗어난 운명적인 것이었지만, 자신의 아름다움을 무기로 프로메테우스를 파멸시켰다는 점에서 그녀는 아름

39) 정비석, 앞의 책,「작가의 말」참조.

40) 맹수진,「스크린 속의 악녀들」,『한국 영화 섹슈얼리티를 만나다』, 생각의 나무, 2004, 100-114면.

다운 여성의 섹슈얼리티가 지닌 치명적인 위협이라는 신화를 정당화하는 존재가 된다. 결국 그녀는 완벽한 외관 밑에 남성을 파멸시키는 위험스런 충동과 치명적인 독을 감춘 여성의 원형이 되어 수많은 대중문화 텍스트에서 여성에 관한 부정적 이미지와 상상력을 제공해 왔다. 이렇듯 신화에 원형적 모티프를 두고 있는 악녀들은 산업 사회로 접어들면서 더욱 구체적인 형상을 얻었다는 평가를 받는다. 즉 남성들의 공포와 불안이 여성의 성에 대한 남성의 공포라는 측면에서 재투사되면서, 기계와 여성, 자연은 자연스럽게 근대 남성 주체의 대상화된 타자들로 연결되었다는 것이다. 공적 영역에 진출하는 여성들이 증가하고 이들을 바라보는 남성의 불안감이 증가할수록 악녀 이미지는 다량으로 유포되었다.

> 장태연 교수는 학교에 나와서도 그 생각뿐이었다. 그러나 신통한 대책은 생각나지 않고, 머리에 떠오르는 것은 박은미의 영상뿐이었던 것이다. 마누라에 대한 무의식적인 반동이었던 것[41]이다.

아내의 일탈은 철저하게 단죄할 일이지만 남편의 경우는 그 어떤 것도 문제 될 것이 없다. 아내에 대한 분노만으로 박은미의 영상을 떠올리는 행위에 대해 '무의식적인 반동'으로 표현하고 있다. 그러나 이러한 상황 속에서도 유교적인 잣대에서 벗어나버린 아내의 일탈은 결말이 어떠하든 수많은 여성들에게 대리 만족을 주었음도 부인할 수 없는 사실이다. 그러나 『자유부인』에서 선영은 전지전능한 신과도 같

41) 정비석, 앞의 책 187면.

은 남편으로부터 하해와 같은 배려와 인내 속에 용서와 구원을 받는다. 물론 장태연의 행동에 대해서는 반성이 없다. 반성해야 할 이유가 없기 때문이다. 그러나 선영에게는 사고력도 분별력도 없다. 작품 내내 앵무새처럼 음향에 불과한 소리만을 늘어놓던 인물이다. 그런데 남편의 관용 앞에 놓이는 마지막 장면에서만 급격한 변모를 보인다. 감정이 넘쳐흐르고 있는 것이다. 이처럼 『자유부인』은 작가의 목소리가 높고 불륜의 형상화도 강도 높은 수위를 드러내고 있음을 알 수 있다. 이는 성녀와 악녀 이미지로 구분되었던 여성성에 대한 고착화된 잣대로 인해 더욱더 경직된 위치를 확보하게 되었다고 볼 수 있다. 이 시기의 여성들은 대중매체를 통해 '직업을 가진 여성' '자유로운 여성' '직업과 가정을 잘 운영하는 여성' '사랑에 과감한 여성' 등으로 호명되면서 여성성을 새롭게 구조화했다. 하지만 이러한 여성성은 이상화된 이미지들의 순환을 통해 지배문화에서 생산되었다는 데에 문제가 있다. 그들은 '평등'과 '자유'라는 것을 배우며 느낀 첫 세대의 여성이었고 그런 만큼 거칠지만 자아정체성을 구성하려는 의지가 의식 속에 내재되어 있었던 것이다. 가정이라는 사적 공간 안에서 타자의 시선을 의식하며 순응적인 삶을 이어갈 수밖에 없었지만 그렇다고 해서 이들이 절대적인 종속의 시대를 산 것만은 아니었다.

고든[42]은 동시대의 여성사가 두 가지 다른 방향들에서 움직여왔다

---

42) 철학적 가정의 양극화라는 여성사의 두 가지 다른 목적을 설명하면서 고든은 '관계의 해결 방안들(methods in between)'을 발견하려는 욕망에 대해서 쓴다. 중개자/중간자는 해결을 의미하는 것이 아니라 사실과 신화의 조심스러운 균형, 사실과 해석의 종합이다. 필요한 것은 정확히 고든이 말하는 균질성과 비균질성, 지배와 저항이라는 경쟁적인 주장들 사이의 긴장이다.

고 보았는데 하나는 경험적인 범주에 속하는 것으로 이전 세대의 역사가들의 잘못에 의해서 모호해진 여성들의 삶의 진실을 밝히려는 것이고 또 다른 하나는 역사를 신화 만들기와 이야기하기로 정의하고 '객관성의 가능성을 거부하는 것'이다. 이는 전통적으로 남성의 영역인 노동의 영역에서도 여성이 가시화되기 시작했다는 것, 그리고 여성의 노동력이 전통적인 성별 분업에 강력한 도전으로 떠올랐다는 것이 감지된 것이기도 하다.

박경리, 『표류도』(1959)

박경리의 초기 소설은 해방과 6·25와 같은 역사적 격변기에 남성보다 상대적으로 열악한 위치에 놓여 있는 여성들의 인간적 존엄이 무참히 훼손되는 위기의 상황을 그린 작품들이 많다. 특히 이 시기를 가로질러 오면서 작가는 남편과 자식을 동시에 잃는 불행을 직접 체험하게 되는데 이와 같은 가족공동체의 해체로 작가는 심각한 실존적 위기를 맞게 된다. 주체적 존재로서 자신의 정체성도 불안한 상황에서 아내와 어머니로서의 위치를 상실했기 때문이다.

전후의 피폐된 삶의 조건에서 전쟁미망인, 또는 혼자 사는 여자들의 생존 조건은 남성이나 결혼을 통해 남자의 간접적인 보호를 받고 있는 기혼 여성에 비해 훨씬 더 위기의 상황에 놓이게 된다. 전후의 혼자 된 여성들은 경제적 궁핍 속에서 생존을 위해 삶의 현장에 뛰어들지만 기존의 남성 중심적인 사회로부터 철저히 뿌리 뽑힌 자로서의 소외를 경험하게 된다.

해방의 소용돌이 속에서 사회는 급변하고 있었지만 여성의 사회적 지위는 여전히 지속되고 있는 봉건적 가족주의 사이의 불화에 위치해 있었다. 그리고 그 과정에 개입한 한국 전쟁, 빈부 간의 갈등과 계급간의 대립 사이에서 가장 강력해진 것은 계급이 아니라 가부장적 남성 권력의 강화였다. 이러한 가부장제의 시각에서는 차이란 획일적인 것이 될 수밖에 없다. 또한 그 획일성은 평등의 선결 조건으로 해석되기 마련이다. 이처럼 무엇이든 가시화시켜야 한다는 것, 현실의 갈등을 최대한 극대화한다는 것이 문학 작품의 숙명이라 할 수 있을 것이다.

여성에 대한 남성의 새로운 시선

김정한 「수라도」(1969년)

김정한의 중편소설「수라도」는 1969년 발표 이후 1975년 삼중당에서 간행한 같은 제목의 단편집에 수록되었다. 가야부인이라는 한 개인의 생애와 허씨 문중이라는 가계와 오봉산 아래 마을의 변화를 통해 근대사를 보여주고 있는 작품이다.

액자소설 형태로 이루어진 수라도는 가야부인의 임종 자리에서 외손녀인 분이가 회상하는 것으로 소설이 시작된다. 남성 작가인 김정한은 여주인공 가야부인을 중심으로 모든 문제를 해결하고 가야부인의 신심에 의해 고난을 승화시킨다.

수라도에는 특별히 학대하거나 남성에 의해 억압받는 여성의 모습은 부각되지 않았으나 신성시되는 모성에 집중되고 있는 모습 또한 자연스러운 남자와 여자의 모습으로 보기는 어렵다. 거의 대부분의 작품에서 여성은 주로 억압받는 자리에 있으나 어머니의 자리에 대한 지나친 신성화 역시 이제까지 독점해온 아버지의 또 다른 자리에 지나지 않기 때문이다.

그러나 역사적 수난에 여성이 직접적 피해자로 인식되고 있다는 점에 있어서는 이제까지 남성작가들이 여성을 인식해온 수준과는 그 층위를 달리한다. 특히 가야부인의 경우 역사적 수난을 타개해나가는 주체적 인물로 그리고 있다.

1908년 출생한 당대의 다른 작가들이 여성을 대하는 방식이나 인식의 수준이 여성을 도구화하는 수준에 머물러 있었다면, 수라도에서는 당대 사회에서 벗어나지 못하는 현실적인 문제를 감안한다 하더라도 여성의 문제 해결능력과 남다른 정신세계의 깊이에 많은 부분을 할애하고 있다.

이러한 이유로 그의 문학은 민족문학으로 인정받기도 하지만 여성문학으로도 평가받을 수 있는 여지가 존재하는 것이다. 현실 문제를 파악하는 능력이 남다른 수준으로 부각될 수 있는 것은 여성의 역량을 남성의 빈자리를 메우는 수준에 머무르게 하지 않고 스스로 주체가 되게 하고 있기 때문이다.

청년이 사라진 땅에서 노인과 어린아이와 여성의 삶이 조명되는 것은 당연한 귀결이라 볼 수 있을 것이다. 그러나 가야부인을 바라보는 작가의 확연히 다른 관점은 평등한 인권만이 아니라 자신의 의지를 관철하고 주체적으로 행동하는 여성의 또 다른 면모를 조명하고 있다는 사실이다.

가야부인의 면면은 대가족을 거느린 가장이자 농군의 역할을 해내면서도 가부장적 전통과 대결하면서 상처받은 여성들을 위무하는 역할을 해내고 있다는 사실이다. 여성을 주체적인 인물로 부각시키는 부분에 있어서만은 진일보한 여성의 모습을 보여준 새로운 시선이라 평가받을 수 있는 것이다.

산업화 시대의 여성

소설「영자의 전성시대」에서 영자의 처참한 죽음은 남성의 부끄러움과 죄의식을 은폐하려는 시도에 대한 반란의 가능성을 내재하고 있다. 그녀의 죽음은 사회적 관습에 의해서 배제된 자의 종말이지만, 실은 가부장적 이데올로기의 모순을 폭로하는 지점이 된다.

매춘은 절대 빈곤 상태에 놓여 있는 이들 여성들이 선택할 수 있는 최후의 종착지였다. 주로 남성 가장의 질병과 사망으로 인해 생계가 위협받으면 딸의 교육비 절감을 통해 지출을 극소화하고 빠른 취업과 사회 진출을 통해 가족 부양의 일익을 담당하게 된다. 그녀들은 대부분 임금이 싸더라도 손쉬운 직장을 찾게 되는데 이들 수입의 상당 부분은 남자형제 혹은 애인의 학비로 조달되었다.

그러나 조선작의 원작을 김승옥이 각색한 영화에서는 이와는 전혀 다른 차원의 변화를 보인다. 등장인물의 이름과 상황도 달라진다. 목욕탕 때밀이 영식이 창수로 창숙은 춘자로 등장한다. 또한 영자가 불에 타 죽는 원작과 달리 영자는 다리를 저는 용철을 만나 아이를 낳고 행복하게 살게 된다. 영자의 행복한 결말과 함께 창수와 용철이 나란히 자전거를 타고 내려오는 마지막 모습은 의미심장하다.

소설「영자의 전성시대」는 발표 당시 "사회 현실과 모순의 갈등 또는 시대의 고통과 세계의 부조리함을 날카롭게 투시한 작품이라는 평가[43]를 받은 바 있다.

'호스테스 문학'의 소재에서 한 걸음 더 나아가 '창녀'라는 우리 사회에서 소외된 계층의 여인을 소재로 그 삶을 형상화한 것은 대단한 충격이자 화제 거리였다. 작가는 거리를 두고 산업사회의 변두리 삶을 보고서를 쓰듯이 그려냈다.

『영자의 전성시대』(1974)

매혹적이며 타협적인 대상으로서 구제의 방법을 선택했던『별들의 고향』과 달리『영자의 전성시대』는 성적으로 타락한 훼손된 몸을 가진 주인공을 타자로 배제하는 방법을 취한다.

조선작의 소설세계는 특히 그 주인공들의 사회적 지위로 특정 지어진다. 작품에 등장하는 주인공들이 주로 하층민이라는 사실이 전체 작품 경향을 설명하고 있기 때문이다. 작품집『영자의 전성시대』에 등장하는 인물들은 대부분 창녀들이다. 주인공 가운데 창숙은 6·25 때 아버지를 잃고 현재는 창녀의 생활을 하고 있고 영자는 식모살이를 전전하다 버스에서 한쪽 팔을 잃고 창녀 생활을 하고 있으며 영식이

43) 이에 관한 대표적인 논의로는 김병익의「삶의 치열성과 언어의 완벽성」,(『문학과 지성』, 1974, 여름), 김인환의「통념적인 품위와 본래적인 심정」(『문학과 지성』, 1974, 겨울) 조선작,「영자의 전성시대」(1973,『세대』 게제), 민음사, 1974) 등이 있다.

는 철공소 직공으로 있다가 월남전에 참전한 다음 목욕탕에서 때밀이로 생활하고 있다.

고향과 가족이 벗어날 수 없는 굴레로 상징되는 것은 특히 여성 캐릭터에 있어서 심각하게 치우쳐져 있다. 미혼의 딸들이 가족의 생계에 보탬이 되기 위해 일찍 사회로 진출하는 것은 어느 사회에서나 공통된 일이지만, 특히 고도 산업화 시기 한국의 하층계급 여성들에게 있어서는 절대적인 것이었다. 경제 성장의 초창기에 이들은 주로 식모로서 사회에 첫발을 내디뎠다. 작품 속 주인공 영자의 신산스러운 삶 또한 식모살이부터 시작되고 있다.

공업화가 급속도로 진행되면서 식모들은 공장으로 들어가 '공순이'라는 멸시를 받으며 고된 노동을 해야 했고, 서비스 산업의 발달로 인해 우후죽순처럼 들어선 이발소와 다방, 안마시술소, 백화점 등에서는 '웃음을 팔며' 일해야 했다.

급속한 산업화, 도시화에 따른 농촌 공동체의 해체와 이촌향도 현상은 매매춘 자원의 주요한 보급원이었다. 매춘 여성들은 자본주의 체제에 의해 계급적으로 착취당하며 가부장제에 의해 성적으로 착취당한다. 매춘 여성을 다룬 작품에서는 거의 대부분 '순결한 마음'과 '타락한 육체'라는 도식을 차용한다. 매매춘의 비인간적인 착취 속에서도 잃지 않는 '순수함'이란 항상 어머니로 상징되는 모성성과 결부되는 것이다.

그러나 영자의 독백을 통해 간절히 바라는 희망이란 것이 있으나 현실에서 주어지는 상황이 자신이 원하지 않는 삶으로 이끌어가고 있음을 분명하게 드러낸다. 결국 여전히 사회에서는 그들이 만든 희생적 인물을 용인하지 못하고 버리는 이러한 수순을 되풀이해서 밟고 있는 것이다.

번쩍거리는 강철 의수를 마련한 창수의 행동을 보면 대단히 영자를 사랑하는 인물처럼 그리고 있지만 그는 정작 영자에게 아무 것도 해주지 못한다.

작가가 의도적으로 할애한 창수의 행동을 따라가 보면 철저하게 남성중심적 사고의 소유자임을 느낄 수 있을 뿐이다. 그는 처음부터 영자를 사랑하기에 '내 것으로 만들겠다'고 천씨에게 떠들어댄다. 그러나 영자를 사랑한다며 강제로 겁탈하려다 실패한다. 영자가 식모로 있는 주인 집 아들 영철도 시도한 행동은 창수와 다르지 않다. 창수는 사랑한다고 말했을 뿐이고 영철은 똑같은 행동을 시도했으나 강간에 성공하고 버릴 뿐이다. 다만 영자의 마음이 창수에게 가 있어서 내면 풍경이 다를 뿐이다. 가장인 영자가 살아내기 위해 식모를 거쳐 여공원, 버스 차장으로 일하다 팔을 잃고 창녀가 되기까지 삶에 시달리고 힘들게 지내지만 창수 역시 가해한 다른 사람과 크게 다를 것이 없다. 자신의 삶과 함께 더불어 살아가는 동반자로서 동등한 인격체로서 받아들이는 적극성을 보이지 않기 때문이다. 창수는 영자를 위해주는 마음을 가지고 고민하고 방황할 뿐이다. 그러나 영자의 인격을 무시하고 학대하는 데에는 등장하는 모든 인물들이 같은 자리에 서 있다. 창수를 위해준다는 명분으로 김씨는 영자에게 물러날 것을 요구하는데 그 명분이라는 것이 설득력을 잃고 있다.

나를 찾아와서 영자는, 자신의 영업이 그 나무팔 덕분에 얼마나 성업 중인가를 의기양양하게 설명했다. 그러고 나서, "전셋방 값만 모은다면 이젠 발 씻고 살림을 차릴 테야."하고 말을 맺었다.[44]

그러나 이와 같은 소박한 꿈은 이루어지지 않는다. 영자의 이른바 '전성시대'는 경찰의 대대적인 단속으로 막을 내리고 그녀는 포주에게 맡겨 놓은 돈을 찾으러 갔다가 사창가의 화재로 불에 타 죽게 되는 것이다.

작가는 이러한 비극의 원인을 당대 사회의 구조적 모순에서 찾는다. 작품에서 영자의 죽음은, 당국이 창녀들의 사후 대책은 전혀 안중에도 없이 사창가를 일제 단속한다거나, 또 포주들이 창녀의 돈을 불합리하게 갈취하는 데서 연유하는 것만은 아니다. 영자의 삶은 그녀 개인의 문제에 국한되는 것이 아니라 보편적인 사회 문제에 맞닿아 있는 것이라는 작가의 비판적인 분노가 영자의 삶을 통해 드러나고 있는 것이다.

「영자의 전성시대」에서는 당대 현실의 모순과 사회 병리적 징후들을 예리하게 포착함으로써 산업화 사회의 어두운 모습과 기형적인 근대화의 이면을 영자의 삶을 통해 상징적으로 형상화하고 있다. 그러나 그 시선은 여성의 내면을 묘사하는 수준으로까지 나아가지 못하고 표면적 작업만으로 대중의 호기심을 자극하거나 극단적인 소재주의의 한계를 벗어나지 못하고 있다.

44) 조선작, 앞의 책, 71면.

새로운 가부장제와 도구화된 여성

1970년대 후반 한국사회에는, 남편은 가족임금을 받아 생계를 책임지고 부인은 가사 및 육아를 전담하는 방식의 근대적 성 역할분업에 충실한 핵가족이 본격적으로 등장했다. 그러나 이 시기에 남성가구주 1인이 가계를 부양할 수 있을 정도의 충분한 소득을 벌었다기보다는 남성가구주의 소득 수준에 지출수준을 맞추는 지출극소화 전략이 이들의 가족 전략이었다는 점이 중요하다. 당시 국가의 여성정책은 유교적 전통의 내외 개념을 근대적으로 재구성한 현모양처 이데올로기를 활용하여 여성이 가정 안에서 가사와 육아 및 가족원에 대한 정서적 보살핌에 몰두하게 하는 것이었다. 게다가 당시에는 결혼퇴직제가 있어서 기혼 여성의 직장생활은 거의 불가능한 상황이었다. 그 결과 여성들은 가정에서 남편의 소득에 맞춰 알뜰하게 살림하여 집을 마련하고 자녀교육을 하는 전업주부로 존재하게 되었다.

이 시기 도시중산층 핵가족이 등장하면서 이에 맞는 주거형태로서 아파트가 등장했다. 1970년대에 본격적으로 건설된 대형아파트 단지는 산업화 이후 지가가 급속히 상승하자 토지 이용의 효율을 극대화하기 위해 고안된 것이었다. 그러나 대형아파트단지는 점차 투기의 대상이 되면서 신규아파트는 분양 즉시 폭등했고 시세 차익을 노리는 복부인들이 등장했다. 1968년 1,000만 평의 강남지역이 본격 개발되면서 반포, 잠실, 압구정동에 아파트가 들어섰고, 1974년에 강남지역에서 시작된 아파트 열기는 1978년 절정에 달했다.[45] 이때부터 한국사회에서 부동산 투자는 자산증식의 수단이 되었고 주택은 중요한 투기대상이 되었다. 도시 중산층 핵가족들은 부동산 투기를 통해 자산을 증식해갔고, 지속적인 지가 및 집값 상승을 이용하여 내집 마련의 꿈을 실현해갔다.

그러나 한국자본주의는 산업화 초기 미혼여성 노동력을 기반으로 한 노동집약적 산업에서 1970년대 후반이 되면 경공업 중심의 산업구조에서 중화학 공업 중심의 산업구조로 전환된다. 그러나 고임금으로 소비를 촉진 시키고 노동자계급을 체계화하는 중심부 국가들과는 달리 한국은 1987년 노동자 대투쟁이 일어나기 전까지 산업의 모든 노동자들에게 철저하게 저임금 정책으로만 일관했다.

그러나 1987년 노동자 대투쟁 이후에도 여성의 노동 환경은 저임금과 고용불안정으로 이어져 가족 내 권력 관계에서도 여성에게 부정적인 영향을 끼쳐 여성의 낮은 지위가 재생산되는 결과를 낳게 했다.

여성의 현실을 주로 다룬 멜로드라마 영화는 강제되고 응축된 근대화, 산업화의 시기, 잔존한 유교적 가부장 문화와 근대 문화가 서로 경쟁하며 협상하는 공간을 제공했다. 근대화 또는 서구화가 진행되는 과정에서 전통적인 가부장의 권위와 특권이 사라질지 모른다는 두려움에서 모종의 남성적 불안이 생겨났다. 이는 1960년대 초반의 가족

45) 강준만, 『한국현대사산책 1970년대편 3권: 평화시장에서 궁정동까지』, 인물과사상사, 2000, 181면.

멜로드라마에서 널리 나타났다.[46]

나이 든 아버지, 가장은 새로운 생산 양식에 적응하지 못해 사회에서 권력을 잃고, 그의 아들이 근대 사회에 성공적으로 진입함으로써 그 권력 상실은 대체되고 보상되며 향상된다. 이러한 새로운 가부장제가 장남의 새 질서를 보여주는 반면 이러한 신(新) 가부장제를 가능하게 만들기 위해 여성들은 처벌의 서사에 종속된다. 특히 근대적 노동에 편입된 여성들은 성적 방종과 동일시됨으로써 여성의 자유로운 의식을 억압한다. 이미 앞서 살펴본 대로 『자유부인』의 주인공 선영 역시 양품점 매니저로 일하게 되면서 불륜에 빠지게 되었다고 규정한다. 이런 식의 멜로드라마가 전후 급변하는 사회 속에서 새로운 가부장제 질서를 쓰는 데 일조한 것이다. 여성 인물에 대한 왜곡은 소위 국가적 위기라는 것을 퍼뜨리고 통제하며 안정시키기 위해 가동되었다. 이 국가적 위기는 군사정부가 독재정권의 정당성을 획득하기 위해 끊임없이 구성한 비상체제라는 도착적 담론이었다. 여주인공들은 종종 전후 불안, 분단에 따른 포스트 외상 증후군, 냉전 이데올로기의 긴장, 개발과 발전에 대한 중압, 빈곤 등의 국가적 위기를 가리키는 기표로 사용되었다. 그러나 유신 하에 개정된 1973년 영화법에서 검열을 통해 영화에서 사회문제를 현실적으로 재현하는 것을 금지함에 따라 그 당시 출현하던 섹스 산업, 특히 룸살롱에 과도하게 초점을 맞춘다. 그 당시 섬유·방직산업에서의 여성노동자 착취가 가장 긴급한 사회문제였지만, 검열 때문에 다루어질 수 없었다. 여기서 발생한 문

46) 〈삼등과장〉(이봉래, 1961), 〈마부〉(강대진, 1961), 〈로멘스 그레이〉(신상옥, 1963), 〈육체의 고백〉(조긍하, 1964).

제는 여성성의 왜곡이었다.

여성노동자들이 경제적인 이유로 섹스 산업에 포섭되었음에도 대부분의 서사는 그녀가 전락한 동기를 부주의하게 처녀성을 상실하였기 때문이라든가, 성적 욕망이 과도했기 때문이라는 식으로 왜곡시켰던 것이다. 80년대의 사회가 매매춘을 양산해내었고 그런 사회 분위기에 희생된 여성의 초상이 그러했지만 이 시기의 작품들은 공적·사적 영역 양자에서 일어나는 여성에 대한 착취와 억압을 잘 보여준다. 특히 티켓 방식의 매매춘은 1980년대 도시지역 섹스 산업의 성장으로 야기된 현상이다. 요정, 룸살롱, 카바레, 홍등가와 같은 성매매 장소와 함께 이발소, 디스코 클럽, 다방과 같은 새로운 성 매매 장소에서 짧은 성 거래가 이루어졌다. 그러나 남성성을 거세하거나 승화시키던 식민지 이전과 달리 한국 전쟁 이후 80년대를 지나오는 동안에는 이러한 사회분위기에 편승하여 여성 섹슈얼리티를 악마화하거나 심미화 함으로써, 상실된 남성 주체성을 '허구적인' 방식으로나마 재확립할 수 있게 했다.[47]

손수건 부대 등 여성관객에게 절대적으로 의존하면서도 경멸적인 태도를 취하는 이중의 잣대를 들이대고 있었던 것이다. 이러한 모습은 70-80년대 산업 역군이었던 여성근로자들의 열악한 상황과 그로 인해 매매춘의 환경에 노출 될 수밖에 없었던 여성들에게 덮어씌운 오명과 다를 것이 없는 유사한 잣대였다고 볼 수 있다.

---

47) 심진경,「은폐와 투사-남성 섹슈얼리티의 두 가지 존재 방식」『여/성 이론』, 여성문화이론연구소, 2003년 여름호, 102면.

「살아 있는 날의 시작」(1980년)

박완서는 이러한 사회 변화와 다양한 계층의 인물들을 소설 속에 고스란히 담아냈다. 1970년 장편소설 『나목』이 여성동아 장편소설 공모에 당선 되면서 등단했지만 이후 우리 사회의 물신주의에 대한 비판, 분단의 상처에 대한 천착, 여성해방의 올바른 방법 등 삶의 모든 영역에서 시종일관 탁월한 리얼리스트의 면모를 견지한다. 이러한 다각도의 시각에서 출발한 박완서는 급격한 사회 변혁 속에서도 여전히 내면적 성숙을 이루지 못하고 있는 당대의 남성중심 사회의 문제점과 다양한 자의식의 변화를 경험하는 여성들의 삶을, 그 허구성을 적나라하게 들추어낸다. 그는 '전천후폭격기'라는 찬사와 비판을 함께 들으며 사회의 비리를 거침없이 파헤치며 저항한 작가이다. 그러나 박완서의 여성문제에 대한 인식이 본격적 논의로 전개된 것은 1980년의 「살아 있는 날의 시작」에서 그동안 논의되지 못했던 남·녀 사이의 억압관계를 밝히면서부터이다.

1980년대 소설의 특징은 민중문학, 분단문학, 여성작가들의 두드러진 활동, 특히 페미니즘 소설의 등장, 실험소설, 노동현장 소설들이 나타나게 된다. 문학은 어떤 형식으로든 당대의 삶을 포착하게 마련이고 이러한 변화는 당대 사회의 특징을 고스란히 수용하게 되는 다양한 형태의 소설 속에 담기게 마련이기 때문이다. 그러한 측면에서 박완서의 「살아 있는 날의 시작」은 당대의 변화하는 사회 속 여성들의 삶을, 특히 여성의 내면을 그리고 있다는 데에 그 의의가 있다 할 것이다.

작품 내용을 살펴보면 주인공 문청희는 미용실과 미용학원을 경영하는 직업여성으로 노망이 든 시어머님을 모시고 있으며 오랜 강사생활 끝에 지방대학의 전임강사가 된 남편과 2남 1녀를 두고 있다. 직업여성이기는 하나 가정 일을 모두 맡아서 하고, 몸이 불편한 시어머니를 정성껏 모시며 남편에게 복종하고, 섭섭하거나 옳지 않다고 생각하더라도 가정의 화목을 위해 참고 견디며 살고 있다. 그녀의 남편인 정인철은 홀어머니 밑에서 남성 위주의 사상 속에 길들여진 남성이다. 그는 여자는 남자보다 낮은 계급이고 여자는 아무리 능력이 있어도 교만하게 나대는 행동을 할 수 없는 존재이고, 어떤 상황 하에서도 남편 말에는 순종하며 가정에서는 가족만을 위하여 봉사해야 된다는 생각을 하고 있는 사람이다. 경제적 도움을 위해 허락했지만 그는 아내가 밖에서 일을 하는 것에 대해 아주 못마땅하게 생각하는 사람이며 '돈 버는 여편네 티'를 냉소하다가도 그녀에 힘입어 이룩한 경제적 안정은 무턱대고 즐기려고만 드는 철저히 이기적인 태도를 가진 사람이고, 아내를 다소곳하게 만들 수 있는 좋은 방편이 자신의 '육체적 매력'이라고 생각하는 턱없는 자신감을 가지고 있으며 그 자신감을 만족시켜주기 위한 청희의 가장된 적극성에는 '역시 별수 없는 여자'라고 비웃는 이중인격자이다.

'날친다'는 말을 사용하며 아내의 적극적인 사회활동에 심리적인 쐐기를 박는 그는 결혼 당시에는 함께 대학의 시간강사였으나, 아내가 먼저 전임강사가 된다는 소리가 들리자 그는 기분 나빠했고 아내에게 그 자리를 포기하게 했다. 그래서 명희는 경제적인 문제 때문에 미용실을 운영하게 되었고 그것이 성공하면서 미용학원을 인수하여 경영하게 되었던 것이다. 인철은 아내의 성공에 대해 여자가 아무리 날쳐도 결코 잘날 수 없다고 말한다. 그러나 어떤 상황에서도 청희는 결혼 생활 내내 효부와 현모양처라는 자리에 충실했고 베풀고 배려하는 삶을 살기 위한 노력으로 일관되게 살았다. 특히 어려운 환경에 놓여 있었던 소녀 가장 옥희를 보살펴주는 일도 그러한 것이었는데 남편은 옥희와 외도를 하고도 반성이나 사과 없이 당당하며 남편의 복제품인 큰아들은 오히려 아버지를 이해하라고 종용한다. 이러한 상황 속에서 청희는 여성이 긴 세월 한 몸처럼 뒤집어쓰고 산 부덕이라는 탈이 실은 조상 대대로 써내려오는 동안 거의 육화되어 피 흘리지 않고는 벗어던질 수 없다는 것을 깨닫게 된다.

작품의 줄거리에서 드러나는 남성인물에 대한 이러한 자료들은 이미 여러 차례 비판을 받아왔다. 가장 커다란 비판은 고발대상이 부덕이나 미풍양속의 허구성이 아니라 남성인물만을 희화화시키거나 왜소화시킨[48] 반면 여성인물은 성화·가련화·순교자화시켰다는 비판이었다. 그러나 이러한 시각은 작품을 세세히 살펴보거나 여성적 기호를 파악하지 못한 데에서 나온 오류라는 것이 최근의 박완서 문학에 대한 다양한 연구서에서 드러나고 있다.[49]

이는 여성 안에 또 다른 여성이 살고 있는, 이중의 삶을 살아내야만 했던 여성의 현실을 이해하지 못한 데에서 나온 오류라 보아야 할 것

48) 김경연·전승희·김영혜·정영훈,「여성해방의 시각에서 본 박완서의 작품세계」,『여성·2』, 창작사, 1988. 224면.

49) 김미현,「영원한 농담에서 새로운 진담으로」,『살아 있는 날의 시작』, 박완서 소설전집, 세계사, 2006, 367면.

이다. 그녀의 삶에 대한 작가가 의도한 복선은 이미 소설의 첫 장면에서부터 세세히 묘사되고 있다.

> 그 여자의 앞모습과 뒷모습은 판이했다. 군살이 붙지 않은 우아하고도 간결한 선과 자신 있고 경쾌한 걸음걸이로 하여 뒤에서 본 그 여자는 스무 살을 갓 넘어선 것처럼 싱싱해 보였다.
> 그러나 그 여자의 앞모습엔 분명하고도 멀지 않은 노추(老醜)의 예감 같은 게 서려 있었다. 세필화(細筆畵)처럼 공들인 화장 밑엔 물빨래해서 다림질한 비단결처럼 확실한 주름살이 은폐되어 있었고, 목의 주름살은 숫제 적나라했다.
> 판이한 건 그 여자의 앞과 뒤뿐이 아니었다. 그 여자의 큰 눈은 곧 뭔가를 주장하고 나설 것처럼 강경했지만 그 여자의 입술은 시들은 꽃잎처럼 아무 것도 주장하고 있지 않았다. 타고난 눈썹을 싹 밀어버리고 새로 그린 눈썹은 간드러지게 요염했지만 턱은 완강했다. 발목은 날씬하고 발은 유리구두라도 신겨주고 싶게 앙증맞고 귀여웠지만 손은 거칠고 튼튼하고 엉뚱한 곳에 옹이처럼 질긴 못까지 박혀 있었다.
>
> … 중 략 …
>
> 그 여자는 머리끝에서부터 발끝까지 세심하게 신경을 써서 멋부리고 있었지만 동냥자루처럼 더럽고 허술한 백을 메고도 천연덕스러웠다.
>
> … 중 략 …
>
> 그 여자의 멋부리는 솜씨에 대해 샘내기 좋아하는 사람은 그 여자의 이런 실수까지를 멋을 위한 기교라고 짐작하고, 기교치곤 유치하고 실수한 기교라고 비웃었지만 그건 오해였다. 그건 그냥 그 여자의 순전한 실수일 뿐이었다. 요컨대 그 여자는 완벽한 멋쟁이는 못됐다. 그러나 그런 불완전함이 오히려 남들에게 친밀감을 일으키기도 했다.
>
> 그 여자 속의 이러한 판이함은 서로 타협하거나 조화될 낌새 없이 각각 그 여자의 인상을 도무지 종잡을 수 없게 했다. 특히 남의 인상에서 즉각적이고도 단일한 해답- 저 여자가 나보다 잘났나, 못났나? 젊었나 늙었나? 잘살까 못살까? -을 얻어내고자 하는 사람을 시침 딱 떼고 골탕 먹이기에 알맞았다.[50]

---

50) 박완서, 『살아 있는 날의 시작』, 박완서 소설전집, 세계사, 2006, 11-12면.

언뜻 보면 그 여자의 외모에 대한 묘사로 일관한 것 같지만 작가는 주인공의 눈과 입술, 생각과 행동으로 대표되는 외면과 내면, 이론과 실제, 이상과 현실이 서로 다르다는 점을 낱낱이 알려주고 있는 것이다. 그녀의 판이한 외모를 통해 그녀가 처한 주변 환경의 이중성과 양면성을 드러내려는 것이다. 그녀의 '주변 환경'의 범주 속에는 역사적 변혁과 함께 급류를 타듯 변해가는 사회적 현실과 함께 전혀 변하지 않는 인물들의 내면에 대한 비판의식도 함께 한다고 볼 수 있다. 이러한 문제들은 작품 곳곳에서 드러나는데 이미 예를 든 예문에서도 살펴볼 수 있다.

작가가 지켜본 80년대적 상황은 경제개발의 결과로 급부상한 중산층의 등장이다. 그러나 작가의 눈에 비치는 그들은 속물근성을 버리지 못한 이기주의자들이 대부분이다. 그들을 드러내는 한 방편이 청희 아들의 과외문제로 등장하는 학부모들이다. 역사적 변화에 발맞추어 눈부신 경제성장은 이루어 가고 있으나 정신적으로는 여전히 미성숙의 단계에 머무르고 있는 가진 자의 이기적이고도 배타적인 자의식과 전혀 변하지 않는 남성과 여성 모두에 대한 비판이 함께 실린 작품이라 할 수 있는 것이다.

주인공의 겉과 속이 다른 이유는 그녀가 처한 상황의 이러한 복합성을 알려주기도 하지만, 더 중요한 이유는 〈가면〉을 쓴 채 연기를 하고 있기 때문이다. 앞서 제시한 예문에서 볼 수 있듯이 나이를 가늠하기 힘들게 만드는 그녀의 화장술과 함께 사회적 행동을 하게 되는 주인공 청희가 가지게 되는 심적 상태는 줄곧 '두 개의 자아'를 지닐 수밖에 없게 만드는 현실에 대한 반감으로 긴장되어 있다. 즉 작가의 의도는 이러한 분열된 자의식으로부터 자신을 보호하려는 자기방어적인 인물의 행동과 환경을 드러내 보임으로써 결코 건강한 자아를 형성할 수 없게 만드는 현실에 대한 고발에 있는 것이다. 작가가 보여주는 현실이란 남자와 여자로 나누어진 도식적인 환경이 아니라 사실은 억압적인 상황을 극복해내지 못한 여성이 되풀이해서 만들어내는 비극적인 역사라 할 수 있다.

작중 인물 청희가 가면을 쓰고 살아갈 수밖에 없는 이유는 단지 편하게 살기 위해서다. 사회나 남성들이 요구하는 것은 여성의 여성다움이고, 그것을 내면화했을 때 훨씬 대접받을 수 있으며 갈등도 덜하다는 것을 터득했기 때문이다. 가정과 사회는 어떤 상황에서도 갈등과 불화를 원치 않는다. 그러므로 자신의 내면에 귀 기울이기보다는 자신을 망각하거나 은폐한 채 가면을 쓰고 연기를 하는 것이다. 혹 그런 자신의 처지를 망각하고 권리를 주장할 때면 반드시 듣게 되는 '매력 없다' '날친다'는 말은 그녀의 숨겨져 있는 본성을 더욱 억누르는 기제로 작용한다.

사실 한국적 현실에서 여성이 남성보다 더 많은 교육의 기회를 제공받는다거나 자신의 뜻이나 야망을 위해 가족이나 사회의 후원을 받기는 힘들다. 앞서 예를 든 것처럼 1980년대는 회사에 취업을 하는 경우에도 반드시 미혼이어야 했고 여성은 결혼과 함께 모든 꿈과 희망을 접어야 했다. 그런 상황 속에서도 청희는 당당하게 자신의 자리를 굳혀갔고 결정적으로 남편보다 먼저 전임의 물망에 오르는 수준에 이르렀지만 남편 때문에 그 자리를 포기한다. 이 시대 남성이라고 하여 모두가 청희의 남편처럼 행동하지는 않지만 모든 문학 작품이 그렇듯 작품 속 인물은 특이한 삶의 한 귀퉁이 음습한 비화만을 끄집어 올려놓는 곳이 아니다. 당대의 가장 민감하고도 문제적 상황이 대부분이요, 특히 박완서의 「살아있는 날의 시작」은 그 정점에 서 있는 작품이기도 하다. 청희가 남편과의 행복한 삶을 위해 헌신적으로 살아가는 것은 남편에게 '날친다'는 소리를 듣기 위해서가 아니라 당대의 사회적 인식 수위에 순응하기 위해서였던 것이다.

> "네가 아무리 잘나고 공부 많이 했어도 여자는 여자니라."
> 그 여자는 그 제일성으로부터 모든 걸 새로 시작하지 않으면 안됐다. 그때까지 그 여자가 알고 있던 건 모조리 틀린 거고 다만 송부인이 알고 있는 것만이 옳았다.
>
> … 중 략 …
>
> 왜 그것만이 최선인가라는 물음은 용납되지 않았다. 시집의 방법이니까 최선일 뿐이었다.[51]

견고한 시집이라는 성 안에서 청희는 부부관계조차 순응하며 살아야 했다. 노망이 든 시어머니는 밤마다 아들 부부의 성생활을 감시하기 때문이었다. 그러나 그 상황에서도 청희의 감정보다는 남편의 감정만이 중시된다. 뜨거운 몸보다는 따뜻한 마음을 원하는 청희의 내면은 무시된 채 남편은 트집을 부리는 것이다. 결국 이제껏 해왔듯이 부부생활에서도 청희는 가면을 쓰고 연기를 한다.

다음으로 직면하는 문제는 친정어머니의 부양문제 앞에서였다. 자신은 단순히 의무감에서가 아니라 늙음과 죽음에 대한 연민이나 휴머니즘의 차원에서 생기는 경건하고 따뜻한 마음에서 최선을 다해 효부

51) 박완서, 앞의 책, 80면.

노릇을 했지만 남편으로부터는 그런 배려를 기대할 수 없다. 이런 모든 문제들을 통해 작가가 나타내려고 한 것은 극단적인 이분법적 구획정리가 아니라 당대의 여성이 직면해 있는 현실이 그토록 견고함을 나타내려고 한 것이다.

또한 '단군 이래 최대의 풍요를 구가하는 새 시대'였던 당대의 중산층 주부의 '기름진 배'와 조로하고 조그마한 옥희의 모습을 대비시켜 보여줌으로써 그들 사이에 존재하는 계층적 차이를 알려준다. 이러한 작품 속 상황이 명료하게 갈등 해결의 기미를 보이지 않는 것은 그 문제의 해결 자체가 현실적으로 어려움이 많기 때문이다.

외도를 한 남편 인철이 가지고 있는 남성 이데올로기 역시 그가 사회생활을 함에 있어 어떤 문제적 인물도 될 수 없는, 지극히 정상인으로 취급받고 오히려 당당해질수 있는 사회인식이 문제인 것이다. 작가는 이 모든 문제는 순전히 어머니들로 시작되었다고 밝히고 있다. 남아선호폐습에 대한 편견을 가진 것에서 기인한 잘못된 교육 때문이라는 것이다.

> 인철에게 누이동생이 태어나자 이런 폭군노릇은 더욱 틀이 잡혔다. 그는 누이동생을 때릴 수 있었고 명령할 수 있었고, 빼앗을 수 있었고 먼저 먹을 수 있었다. 물론 마음 내킬 때 놀아주거나 귀여워할 수도 있었다. 그러나 보다 많이 가해나 유린의 대상이었다.
> 송부인은 여러 남매를 두었고 그들이 자라 학교 다닐 때 공부 잘하는 걸 제일 좋아했지만 딸이 아들보다 좋은 성적을 받아오면 우울해했다. 바뀌 태어났더라면 하는 폭언도 서슴지 않았다. 그런 분위기에서 인철은 저절로 사내는 우월하고 계집애는 열등하다는 걸 배워갔다. 사람과 사람 사이에 통용되는 옳고 그름과 남자와 여자 사이에 통용되는 옳고 그름이 따로 있다[52]는 것도 알게 되었다.

작가는 이렇듯 여성 내부에 있는 또 다른 여성이라 할 여성이데올로기의 측면을 까발림으로써 여성 〈내부의 적〉을 적나라하게 드러낸다.[53]

「살아 있는 날의 시작」에서 다루고 있는 여성이데올로기의 문제도 눈에 보이는 현상만을 다루었다면 원래 목적했던 주제가 독자에게 제대로 전달되지 못했을 것이다. 그러나 작가는 남성과 여성, 가진 자와 가지지 못한 자, 나이든 자와 젊은 층을 종횡무진 건너다니며 그들의 내면의 정경을 복원해내고 있는 것이다. 물론 작가가 나타내고자 했던 것은 80년대적 경제발전과 성장에 호응하지 못하는 당대 남과 여 모두의 의식적 한계였다. 그런 부조화와 미숙함과 저속함의 이면에는 미성숙 된 자아가 존재하고 있음을 작가만의 독특한 여성적 언어로 드러내 보이고 있는 것이다. 그의 언어가 여성적인 기호가 될 수밖에 없는 것은 누구보다도 여성이 지닐 수밖에 없는 다양한 층위의 내면적 갈등을 생생하게 복원해내고 있기 때문이다.

작품 속에서 시종 대비되고 있는 여주인공 청희와 남편 인철의 내면 묘사는 당대의 사회적 인식의 수위를 드러내는 도구로 사용되었을 뿐이지 도식적으로 구획정리하는 것이 아니다. 그러나 당대에는 그런 논의와 비판이 있었던 것이 사실이다. 인철이 이기적인 삶을 살아갈 수밖에 없었던 것은 끊임없이 반복 학습해대는 송부인의 가부장적 가치관이 여성의 탈을 쓰고 군림할 수 있었기 때문이었다. 이와 같은 문제는 청희가 데리고 온 소녀가장 옥희의 에피소드에서도 그대로 이어

52) 박완서, 앞의 책, 145면.

53) 김미현, 앞의 책, 378면.

진다. 옥희의 고혈을 짜서 학교에 다니는 오라비들의 몰염치한 생각과 이기적인 생활의 묘사, 옥희가 손톱으로 긁어버려 비명을 내지른 중산층 여성들의 악취 나는 탐욕과 과외선생 모시기와 복부인 등은 당대의 가진 자의 모습이자 오늘날 강남을 중심으로 한 가진 자의 그늘진 모습이기도 하다. 그 시기나 현재나 단지 생물학적으로 여성의 몸을 가졌다고 해서 '피해자 여성'의 삶을 산다고 보기는 어려운 것이다.

작가는 이렇게 「살아 있는 날의 시작」에서 여러 층위의 인물들을 등장시켜 한 가지 사실에 대해 말하고 있다. 인간의 내면에 숨겨 둔 또 하나의 자신, 진실 앞에 나약하고 세속의 욕망에는 탐욕스러웠던 자신의 모습인 것이다. 주인공 청희는 긴 세월 최선을 다해 살아왔다고 자부한 세월을 지워버린 대가로 피투성이가 되어 궁지에 내몰린다. 그러나 기어이 문 밖으로 나서는 것은 지난 세월이 결코 진정한 의미의 살아 있는 날일 수 없었음을 자각하고 거짓된 위선의 시간을 청산하려는 자세인 것이다.

여성상의 변화에 대한 여성 수용자의 의식

여성상에 대한 90년대적 변화와 특징을 한 마디로 정리하기는 어렵겠지만 국내외적으로 경험한 커다란 사회적 변화와 결코 무관하다 할 수 없을 것이다. 나라 밖으로는 베를린 장벽의 소멸과 함께 서사의 지형도도 변화를 꾀할 수밖에 없었다. 나라 안으로는 국가부도사태 이후 수많은 가장들이 실직을 했고 연쇄 부도의 여파로 자살을 했다.

동시에 광고와 드라마에 영화와 뮤직비디오에서 여성성의 기호는 끝없이 쏟아지게 되었다. 90년대 여성들은 증대된 자율성을 이야기하고 자아성찰의 과정에서 섹슈얼리티를 공론화했다. 즉 여성의 욕망은 상업자본이 촉발하는 소비에 대한 허위 욕망의 먹이가 되는 동시에 철저하게 남성에 의해 관리된 욕망이라는 사실이다.

90년대 문학에서는 가장 과격하고 정치적인 것이 여성문학과 관련된 논의라 할 수 있다. 현실 속에서 90년대는 여전히 여성에 대한 소외, 혹은 억압이 엄존하기 때문에 그것에 대한 부담은 문학적 형상화의 과정에서 자연스럽게 표출되었던 것이다. 이러한 문학적 경향은 독자 대중의 호응을 얻었고 이는 베스트셀러 작가로 여성이 다수 진입하는 결과로 나타났다. 여성작가들이 누리는 대중적 인기의 근저에는 남성의 리얼리티와는 다른 여성적 차이에 대한 정서적 공감이 바탕하고 있으며, 여성성을 탐구하고 자기 목소리를 찾으려는 여성 집단의 유대감이 깔려 있다. 그러나 비평의 관심으로부터는 비껴나 있었던 것이 사실이다.

국내 상황을 살펴보더라도 1990년대는 급변하는 세계정세와 함께 여러 가지 커다란 변화를 가져왔다. 1993년 군사독재가 막을 내리고 문민정부가 수립되었으며 1991년 소련의 붕괴로 냉전체제가 변화를 맞게 되었다. 여성문제도 기층 중심성에서 벗어나 대상을 다양화하고 방식을 전문화하기 위한 시도를 시작하게 되었다. 성폭력·가정폭력, 일본군 위안부 문제와 같은 여성 특수 과제를 본격적으로 공론화하기 시작했고, 다양한 계층의 여성들이 혜택을 입을 수 있는 법·제도 개혁운동을 활발히 전개하기에 이른다. 그 결과 「영유아보육법」, 「성폭력 특별법」, 「가정폭력 방지법」 제정, 「남녀고용평등법」 개정 등이 이루어졌다. 이러한 법과 제도의 개선 운동은 단지 제도만이 아니라 기존의 남녀 차별적인 의식을 바꾸어가는 과정을 포함했다.

"아동 보육은 엄마가 책임져야 한다", "성폭력은 정조를 지키지 못한 여자의 책임이다", "가정 싸움은 부부간의 문제이다"와 같은 사회적인 통념들을 바꾸는 효과를 만들어냈던 것이다. 그러나 단기간의 법 ·제도 개혁의 속도에 비해 양성평등 의식의 발전은 매우 더디어서, 개혁된 법·제도들이 현실에서 제대로 지켜지지 않아 실효성이 떨어지는 문제가 발생했고, 보수적 남성들의 반발도 조직화 되어 이데올로기적 지형은 난관에 봉착해 있는 실정이다.

결국 제도개혁도 일상에 대한 접근을 통해 생활세계를 개혁하고,

가부장적인 일상 문화를 바꾸어야 가능하다는 문제의식이 공감대를 형성하면서 여성적 대안문화를 찾고자하는 소모임, 인터넷 및 출판매체를 통한 문화적 방식의 운동을 추구하는 페미니즘이 등장하게 된다. 또한 형식적 민주주의를 갖춘 정권이 탄생하고, 여성부가 설립됨에 따라 여성운동 세력의 제도권으로의 진출이 시작되면서 여성운동의 현실참여 수위와 운동적 독립성을 지키기 위한 방안에 대한 논의도 본격화된다.

『무소의 뿔처럼 혼자서 가라』(1993년)

공지영의『무소의 뿔처럼 혼자서 가라』에 등장하는 세 명의 여성인물들은 독자를 불편하게 만든다. 이는 자신이 알고 있던 이야기라 하더라도 누군가에게 지적당하게 되면 긴장하게 되는 것과도 같은 현상이라 할 수 있을 것이다. 공지영의 독자들은 이런 변화를 감수하며 무심하게 지내온 자신의 일상적인 삶을 돌아보게 된다. 다소 불편하고 억울하더라도 덮어두는 게 미덕이라고 배워온 한국의 여성들은 매사에 따지고 드는 공지영의 언술에 저항하면서도 자신도 모르게 수용하게 되는 낯선 환경에 놓이게 된 것이다.

물론 이 시기의 여성들이 놓인 환경은 수많은 차이를 보이며 다양한 양상을 표출시키고 있다. 그러나 공지영은 자신의 소설에서 대학을 나온 중산층 여성들의 문제를 다루고 있다. 이는 어쩌면 적극적인 태도로 여성 억압의 현장을 고발 해온 입장에서는 사소해 보일 수 있는 문제이기에 무시당해온 부분이기도 했다. 통계 수치와 자료에 비해 턱없이 사소해 보일 수 있기 때문이다. 그러나 세상의 모든 일을 통계 수치로 드러내거나 구획 정리할 수 없듯이 여성의 현실 인식의 문제도 그 층위가 다양해질 수밖에 없는 시점에 도달한 것이라 할 수 있는 것이다. 70년대 80년대의 여성들의 삶이 극한의 비극적 환경에 놓였다고 해서 그들만이 여성 억압을 말할 수 있고 90년대 들어 사회 분위기에 맞추어 양산된 중산층 여성들은 여성이 아니라고 말할 수는 없기 때문이다.

공지영은 이 문제를 정직하게 폭로해버린다. 이제까지 인간으로서의 여성은 그렇게 무시하고 차별해 왔으나 어머니로서의 여성에 대해서만은 태도가 돌변하여 찬양과 칭송과 존경과 감사를 바쳐가며 성역화해 왔던 것이 사실이기 때문이다. 작품 속에서 혜완이 출산 직후에 "아이를 동굴에 두고 나오는데, 너무 홀가분해서 깡충깡충 뛰면서 내려온" 꿈을 꾼 것 때문에 두고두고 쓰라린 죄책감을 갖는 부분에서도 나타난다. 이는 이미 여성에게 입력되어온 교육의 내용에서 기인한다고 볼 수 있다. 출산 후의 우울증이란 오히려 자연스러운 것이라 제대로 교육받았다면 혜완은 평생을 가슴 찢기는 고통 속에서 살지 않았을 것이고 어머니가 되는 과정을 훨씬 자연스럽고 행복하게 맞이할 수 있었을 것이기 때문이다. 여성으로서 지극히 자연스러운 그런 인간적인 감정의 변화를 겪는 일에 대해 우리의 현실은 생각보다 가혹하다.

우리 사회는 오래도록 인간의 가장 숭고하고 강한 본성인 모성을 여성에 대한 족쇄로 삼아 여성들의 삶을 교묘하게 유린해 왔다. 숙명적 의무와 자책 사이에서 꼼짝 못하고 갇혀 사는 존재가 어머니라는 사실을 공지영은 목청 높여 드러내고 있는 것이다.

공지영은 이미 앞서 발표한 작품을 통해 90년대의 파편화된 삶 속에서 80년대적 삶의 진실성을 반추해 왔다. 소위 후일담 문학으로 분류될 수 있는 그의 글들은 80년대의 진실성은 재확인되나 방법적인 추구가 결여된 당위적인 차원에 머무르고 마는 한계를 보일 수밖에 없었다. 그러나 공지영 소설의 또 다른 한 축이라 할 90년대의 일상적인 삶의 다양한 국면들과 그 이면에 작동하는 구조적인 문제, 그 중에서도 성적 억압 구조 속에서 고통받는 여성문제를 다룬 작품들의 경우는 여러 가지 의미를 지니고 있다. 삶의 자질구레한 일상 속에 깊숙하게 관여하고 있는 현실이란 사회적 상황과 무관하지 않으며 현실의 중요한 요소이기 때문이다.

여성의 문제가 다양한 층위에서 본격적으로 다루어지기 시작한 90년대는 자본주의의 전지구화, 자본의 전일적 지배가 우리의 일상을 압도하고 있는 상황에서 단순히 여성만의 문제를 넘어 '인간다운 삶'의 영역의 문제로서 그 비중이 증폭되었던 것이다.

당당하게 자신의 주체적인 삶을 영위할 수 있다고 자신만만하던 세 여성이 결혼과 동시에 사회적인 성 차별과 가족 이기주의에 의해 이혼, 외도, 자살로 귀결되는데, 그 절망과 좌절의 과정은 철저하게 남성(남편)을 통해서 구체화되고 있다. 공지영이 대학을 나온 중산층의 세 여성이 불행한 삶을 살 수밖에 없었던 억압의 원인 제공자를 남성(남편)으로 규정하는 것은 남성으로 상징되는 이 시대를 드러내 보인 것이다. 가부장제 억압은 이제 사라졌다고들 말하는 90년대에 들어와서도 폭력적인 남편이나 외도하는 남편으로 인해 불행한 시간을 사는 여성들을 다루는 데 대해 시대착오적이라 폄하하는 것은 아마 자신들이 버리지 못한 숨겨진 일상 속에서의 자신을 너무 적나라하게 들켜버린 이들의 불평이라 볼 수도 있는 것이다. 왜냐하면 공지영이 목청 높여 드러내고자 하는 문제는 여성이 아니라 90년대적 상황 속에서도 여전히 차별받고 고통받고 있으나 내팽개쳐진 인간 군상들에 대한 이야기를 하고 있기 때문이다.

공지영은 소설『무소의 뿔처럼 혼자서 가라』를 통해 여성의 문제 또한 사회의 구성원인 동시에 그 시대를 함께 호흡하는 가족이라는 틀 속에서 제기된다는 사실을 되짚어 본다. 지난 시대의 문제가 인간에 대한 예의의 문제였듯이 '인간적인 삶'의 실현에 골몰하는 90년대의 명제 또한 그 연장선상에 서 있다는 것이다.

소설에서나 영화에서나 공지영의『무소의 뿔처럼 혼자서 가라』는 대학을 나온 소위 중산층 여성들의 자의식 문제를 심도 있게 다루고 있다. 소설은 대중적 호응도가 폭발적이었다 할 만큼 많은 독자를 확보했다. 영화 또한 작가의 남편이었던 오병철(데뷔작: 숲속의 방) 감독에 의해 1995년 제작되었고 원작에 충실하면서도 영화적 언어로 완숙하게 표현되었다. 그러나 제작사에서 여러 차례 시나리오 수정을 요구했을 만큼 작품성에 몰입하기 힘든 것이 1990년대에 이르러서도 여전히 변함없는 현실이었다. 작가가 의도한 바와 영화 제작의 과정이란 각기 다른 장르의 특성상 차이를 가질 수밖에 없지만 1995년이라는 시대적 배경과 원작자의 세계관을 누구보다도 잘 아는 사람(남편)이 감독이었다는 특수한 상황은 작품의 영상화 과정에서 긍정적인 측면으로 작용할 수도 있었을 것이다.

여성적 정체성의 확립의 여정이 작품 속에 녹아 있을 때 독자는 반응하게 된다. 그런 점에서 『무소의 뿔처럼 혼자서 가라』의 등장인물들은 그 시기까지 현실에서 체득해온 모든 사안에 대해 온 몸으로 절규하고 있다. 주인공 혜완(결혼 이후에도 일을 가졌으나 아이를 잃고 이혼)의 생각이 드러난 다음의 대화를 보면 작가의 생각이 좀 더 정확하게 읽힌다.

- 여자들은 말이야, 이 사회에서 멸시당해도 싸다구…. 자기들과 같은 성을 낳아서 좀 더 권리를 회복시켜줄 생각은 안하고, 남자를 낳아서 다른 여자들을 구박하는 꼴을 보고 싶다는 거 아니니? 딸을 낳는다고 구박하는 사람들이 있으면 그런 구박을 하는 사람의 부당함과 싸워야지 아부를 하다니…

하지만 가족은 어쩔 수 없이 접어두어야 하는 부분이 있는 것이었다.[1]

이미 딸 둘을 낳아 단산했는데 어머니의 강권에 의해 셋째 아이(아들)를 갖게 된 언니(직업이 약사이다)를 보며 혜완이 갖는 이 같은 자조적 역설은 행복한 가정과 나만의 일, 두 가지를 모두 가진다는 건 불가능한 일이라는 걸 깨닫는 후회로 이어지며, 영선(결혼 이후 자신의 일을 접고 성공한 감독인 남편과의 결혼생활에서 의부증 증세까지 보이다 자살)의 죽음을 본 경혜(전업주부이나 남편의 빈번한 외도를 경험하고 대학 선배와 밀회하며 방황)에게서도 마찬가지로 드러난다. "난 우리 연지한테 가르칠 거야. 시집 가서 남편 뒷바라지하라고…. 그게 여자가 바랄 수 있는 최상의 행복이라고… 더 이상은 꿈도 꾸지 말라"고 흐느낀다.

혜완과 경혜를 통해 작가가 드러내고자 하는 것은 성차별이 엄존

1) 공지영, 『무소의 뿔처럼 혼자서 가라』, 문예마당, 1993, 217면.

하고 있는 현실에 대해 패배를 인정하는 것이 아니라 역설적인 드러내기를 통해 이 시대의 여성이 처한 현실을 고발하고 있는 것이다.

소설『무소의 뿔처럼 혼자서 가라』에 발문을 쓴 유현미가 그랬듯이 작가는 나나 너나 할 것 없이 모두가 그저 덮어두는 게 최선이라고 생각하는 그곳을 향해 호흡을 멈추고 정조준의 화살을 겨눈다. 그리고 노기 찬 얼굴로 직시할 것을 요구한다. 그러나 그러한 직시가 극단의 대립을 의미하는 것은 아니다. 그런데도 평자들에 의해 여성작가들이 다룬 여성의 일상과 내면의 문제는 제대로 이해되지 못한 것이 사실이다. 이 세상에 아픔이 있는 곳에 가서 그 상처를 어루만지며 위로하는 것은 작가의 의무이자 피할 수 없는 존재이유이기도 하다.

현실 인식과 관련하여 여성 정체성의 구현은 대립과 갈등을 통해 제시되거나 초월과 극복이라는 상대성을 지닌 성격을 통해 구현된다. 즉 대립과 갈등을 통한 정체성 구현은 심각한 상처나 자격 시련을 거친다는 조건으로 성립되고, 초월이나 극복을 통한 정체성 구현은 화해를 이루거나 존재의 위상이 승격되는 특징을 지니고 있는 것이다.

악녀에 도전하는 여성의 등장

들뢰즈는 자본주의 체제를 전복하는 탈주의 끝이 여성의 자궁이 될 수 있는 가능성에 대해 말해 왔다. 여성의 무의식, 성욕, 몸의 열락이 욕망을 재생산하는 과정으로부터 자본주의의 근간이 되는 가족주의와 이성애를 전복하는 힘이 생산되며 여성의 몸은 바로 혁명의 거점, 전복의 핵심에 놓이게 된다는 것이다.

몸이 스스로의 역사를 지닐 수 있게 된 가장 중요한 이유 중의 하나는 대서사의 붕괴, 즉 종교나 국가, 또는 민족 등과 같은 초월적 의미구조의 영향력이 거의 소진되었다는데 있다. 몸이 서사화 될 때 몸은 필연적으로 한 사회의 욕망체계 속에 얽혀든다.[2] 사실을 기술하는 것이 문학이 아니라 어떤 사실(fact)을 사실이 되도록 형상화(reality)하는 과정이 문학이라면, 철학이나 사회학이 다루는 추상적 진술보다

2) 롤랑 바르트는 『S/Z』의 마지막 부분에서 다음과 같이 쓰고 있다. "상징적 장은, 오직 하나의 물체로 채워져 있다. 그리고 이 물체가 상징적 장에 통일성을 부여한다. …중략… 이 물체는 다름 아닌 인간의 육체다. (trans. Richard Miller, New York: Hill and Wang, 1974) 이 말은 언어적 구성물로서의 서사 속에 몸이 위치해 있다는 뜻이기도 하고, 동시에 몸이 그러한 지시작용의 지시대상(referent of reference)일 수도 있음을 뜻한다. 바르트는 이러한 입장은 몸의 담론을 추상적으로 논하는 과정 위에 이 과정을 보다 일상적 차원에서 바라볼 수 있는 또 하나의 위치가 필요함을 역설하고 있는 것이다.

문학의 허구적 진술은 몸을 가로지르는 담론의 형성과정에 보다 긴밀하게 접근할 수 있는 것이다.

정이현의 소설에는 개인이 처한 운명에 수동적인 여자나 내면에 침잠함으로써 부재를 견디는 상처받은 여자는 나오지 않는다. 오히려 남편과 정부를 죽게 하고(「순수」, 「트렁크」), 부모를 상대로 가짜 납치극을 벌이며(「소녀시대」), 결혼한 여성과 위험한 동성애에 빠지는(「무궁화」) 악녀[3]들이 등장한다.

그러나 정이현 소설 속의 여성 캐릭터들은 몇 가지 맥락에서 구별된다. 소설 속 악녀들은 폭력성을 내세우는 것이 아니라 몸의 위장술로 생존하고 복수한다.

이런 위장의 문제는 여성성 자체의 비결정성과 관련된다.[4] 정이현의 소설들은 여성적 위장술과 그 위장의 무기로서의 자기 언술을 통해, 여성들의 내밀한 욕망을 드러낸다. 그의 일인칭 여성 화자들은 고백적인 화자가 아니라, 일종의 위장적인 화자의 얼굴로 채택된다. 이

---

3) 이광호, 「그녀들의 위장술, 로맨스의 정치학」, 『낭만적 사랑과 사회』, 문학과 지성사, 2003, 228면.

4) 이를테면 보드리야르는 '가부장 체계를 극복하는 책략'으로 조앙 리비에르 Joan Riviere의 '가장 Masquerade으로서의 여성성'의 개념을 부각시킨 바 있다. 조앙 리비에르는 성공하고 지적인 전문직 여성의 사례를 연구하면서, 그들이 여성성을 '위장' 함으로써 남성들이 뛰어난 여성에게 갖는 불안감과 복수심을 피할 수 있었다는 흥미로운 분석을 내놓았다. '여성성'은 일종의 위장으로서, 남성성의 소유를 감추고 또한 그녀가 그것을 소유했다고 발견될 때 예상되는 비난을 피하기 위하여 취해진 일종의 가면이다. 이와 연관하여 스피박Spivak의 논리를 참고하면, 여성은 여러 가지 모습으로 탈바꿈 할 수 있는(이를테면 '여성은 오르가즘을' 가장 '할 수 있다'는 가설) 존재이다. 여성이 '현존을 전치(轉置)한다'는 명제는 이런 여성적 위장술과 관련되어 설명될 수 있을 지도 모른다. 앞의 책, 227면.

위장술 혹은 메이크업은 언술의 이중적 전략에 의해 가능해진다. 그녀들은 이 사회와 체제 안에서 살기 위해 '여성성'을 '위장'하며, 작가는 그녀들의 '위장'을 위장적인 언술로 표현한다.

표제작 「낭만적 사랑과 사회」를 보자. 주인공 '나'가 만나는 남자는 '나'의 결혼프로젝트의 주 사업대상에 불과하다. 연애의 감정이 끼어들 여지가 없는 것이다. '나'는 오럴섹스까지 감수하며 오래 사귀어온 남자 친구가 있음에도 오로지 결혼 사업의 성공을 위해 면 팬티를 고집하며 마지막 관계만은 피하면서 연기에 몰두한다. 결혼 대상자로서 최상인 그가 처음 만난 날 '은방울꽃' 같다는 말을 한 뒤부터 '나'는 '청순함'을 위장하고 연기한다. 그러나 이러한 시대착오적인 발상들은 따지고 보면 여전히 변하지 않는 사회에 대한 저항의 한 방편이라는 것을 알 수 있다.

> "우리 부모님은 예전부터 애교 있고 사근사근한 며느리를 원하셨어. 그런데 형수는 그렇지 않아서 마음에 안 드시나봐. 이름만 대면 알만한 집 딸이긴 하지만 겸손하지 않고 안하무인인 면이 있거든."
> "막내며느리는 평범한 집안에서 반듯하게 자란 귀여운 아가씨여야 한대. 요즘엔 나랑 얼굴만 마주치시면, 사귀는 사람 얼른 데려오라고 아주 성화가 대단하다니까."[5]

진정한 의미의 사랑 따위는 아예 믿지 못하게 만드는 현실이니 생존 수단으로서 선택하는 여성들의 위장술은 결국 남성중심적 사회에서 살아남기 위한 하나의 방편에 지나지 않음을, 그러나 사력을 다해

5) 앞의 책 27-28면.

노력한 성과 또한 기대에 미치지 못해서 아주 미미한 수준에 불과하다는 것을 역설적으로 보여주고 있는 것이다.

임신한 친구 혜미의 경우에서도 마찬가지 상황이 전개된다. 여자친구의 몸 안에서 자라고 있는 '우리 아가'한테 미안하다고 울고 있는 남성의 의식은 '널 주는 게 아니라 내 아이 혹은 내 손자 주는 거야' 라고 말해오며 임신한 여성의 고통과 존재감을 소외 시켜왔던 익숙한 모습이기 때문이다.

「순수」에는 세 번 결혼하고 그때 마다 남편을 잃은 여자가 등장한다. 그녀는 경찰서에서 "언제나 그랬듯 나에겐 아무런 악의도 없습니다. 살의 따위는 더더군다나. 나는 벌레 한 마리 눌러 죽이지 못하는 성품입니다."라고 고백한다. 이 소설의 제목인 '순수'는 그 반어의 미학을 함축한다. 화자의 위장적 진술은 여성의 사회적 생존에 관한 정치적 의미를 포함한다.

「소녀시대」 역시 일인칭 여성화자가 등장한다. 여기에는 중산층 가정의 한 십대 소녀의 육성이 아무런 여과 없이 노출된다. 이 소설에서 중요한 것은 주인공의 '소녀성'이 사회적으로 호명되는 방식, 그리고 그 호명된 소녀성을 이용하여 세상에 대한 음모를 키워가는 소녀의 개인적 전략이다. 소설은 사회적 약자인 소녀가 어떻게 자기 삶의 실존적 자립성을 찾으려고 욕망하는가를 드러내 보인다. 소녀는 체제가 호명하는 '소녀성'을 연기함으로써, 그 체제에서 살아가는 방법을 배운다. 이것은 소녀들이 자기 육체를 성적 대상으로 내면화함으로써 성인여성으로 사회화되어가는 '섹슈얼라이제이션sexualization'의 과정이기도 하다.

실제 작품 속에서 교수인 '나'의 아빠는 '깜찍이'로 불리는 나보다 세 살 많은 여자에게 '오빠'로 불리며 내 또래에게 아이를 갖게 한 뒤 생리가 끊겼다는 소리를 듣자마자 '씨앗 타령'을 하며 연락을 끊은 인물이다. 위선적인 세상의 적나라한 모습을 상징하고 있는 '나'의 부모들이 벌이는 그들 부부의 싸움 현장을 보자. 그들은 싸울 때 외에는 서로 한 마디도 말을 건네지 않는 사람들이다.

> "이 개새끼가 어디서 술처먹고 들어와서 지랄이야?" 씨팔, 내 돈주고 내가 술도 못 먹냐, 네가 보태준 거 있냐? …중략… "네가 이뻐서 내가 이러고 사는 줄 아냐. 내가, 내가, 갈 데가 없어서 이러고 사는 줄 아냐. 다 애가 불쌍해서, 내가 내 눈깔 찌른 거, 그래 철모를 때 애새끼 싸질러놓은 거 책임지려고 이 인간 김용진이가 이러고 산다. 에이 좆같아, 씨팔." "미친 놈. 아주 쌩쇼를 하네. 네가 애 애비노릇 한 게 뭐 있는데? 너 같은 애비 놈은 없는 게 더 난 거 모르나. 잘됐다. 이 참에 나가라, 짐 싸줄까? 쫓아내기 전에 네 발로 걸어 나가라." "씨팔, 그래. 네 아버지가 사준 집이라 이거지. 그래 알았다. 내가 못나갈 줄 아냐. 썅, 그래 막말로 내가 당장이라도 갈 데는 많은데 애가 불쌍해서 못 나간다. 너같이 무식한 엄마 밑에서 쟤가 어떻게 교육받을 지 불쌍해서 못 나간다." …중략… 팬티에는 연갈색 피가 초승달 모양으로 묻어 있었다. 생리대의 비닐 커버를 벗겨내면서 나는 결심했다. 내일은 꼭 그년을 찾아가야겠다. 왠지 모르지만 꼭 그래야만 할 것 같은 예감이 뇌리를 강타했다.[6]

부모를 상대로 가짜 납치극을 벌이고 삼류 기획사 오너 황봉구를 찾아가 미소녀 헤어누드를 찍으며 돈벌이 하는 '나'는 소녀시절도 살아보면 그다지 나쁘지 않다고 말한다.

여성 존재가 갇혀 있는 시선의 감옥이라는 문제를, 근대 초기의 역

---

6) 앞의 책, 81-83면.

사적 공간으로 이동하여 다루고 있는 작품이 「이십세기 모단 걸」이다.

기생의 딸로 태어난 신여성 연실은 유교적 신분질서의 희생양이면서, 근대적인 세계 속에서의 남성 중심적인 '로맨스'의 희생양이라고 볼 수 있다. 남자 유학생의 구애를 무시한 죄로 풍문의 희생양이 된 이 신여성의 좌절은 '신여성'과 '자유연애'를 둘러싼 사회적 이중성을 함축적으로 표현한다. '신여성'은 남성적 욕망과 동경의 대상이며, 동시에 혐오와 윤리적 탄핵의 대상이었던 것이다. 소설은 김동인의 김연실전에 대한 이미지가 사실은 남성적인 풍문에 의해 그녀를 '못된 여자'로 규정한 것임을 드러내려 한다. 앞서 밝혔듯이 작가 김명순을 매도하기 위해 쓴 작품이라고 작가 본인이 밝힌 작품이 김연실전이다. 이 소설의 대미를 장식하는 남자 유학생의 공식적인 '격문'과 이에 대응하는 김연실의 '편지'는 문제적인 대비를 이룬다.

결국 정이현은 새로운 로맨스를 꿈꾸며 성적 일탈을 일삼는 1990년대적 여성 주인공 대신에, 그 로맨스에서 결혼에 이르는 사회적 과정에 자신을 철저히 적응시키는 여성을 주인공으로 선택한다. 로맨스를 둘러싼 '멜로드라마'의 시선을 역전시킴으로써, 친밀성의 영역에서 벌어지는 가장 사적이고 일상적 사건의 사회적 관계를 성찰할 계기를 부여한다.

21세기에도 현실적 상황은 남녀노소, 권력 있는 자, 없는 자, 지식이 있든 없든, 총체적인 면에서 해방 전후와 그리 변화하지 않았다. 어쩌면 현실의 벽은 정이현의 소설처럼 도발적인 전복을 꿈꾸지 않은 다음에야 다가설 수 없는 곳인 되어버렸는지도 모른다. 이광호는 정이현의 '나쁜 여자들'과 '위장하는 그녀들'을 이 시대의 신여성이라 보았다.

'나쁜 여자들'이 보여주는 체제 전복적인 상황이라는 것이 사실은 지극히 모순된 공간이며 지난 20세기의 신여성 또한 모순을 극복하기 위해 모험을 감행했던 것이다.

이 시대의 여성 주인공들이 여전히 '도발적 행보'를 해야만 한다는 것은 비극적이다. 남성적 위선과 엄숙주의가 여전히 팽배해 있는 현재의 상황을 역설적으로 보여주고 있기 때문이다. 그러나 어떠한 상황에서도 결코 주저하거나 중단되는 바 없이 낯설고 험한 길을 나아가려는 여성들의 노력은 다양한 방식으로 계속될 것이다. 악녀로서의 여정은 거칠고 험한 것이며 수많은 저항을 감내해야만 하는 현실적 어려움이 있을 것이다. 그러나 여성들의 일상과 욕망의 중요성을 드러내고 파헤치는 일상 가치에 대한 새로운 물음이 되고 있음을 주목해야 할 것이다. 여성만이 아니라 역사까지도 물화하려는 남성 중심 기제로부터 벗어나 위험한 욕망을 경계하려는 것, 그것은 삶의 모순과 억압이 존재한다면 드러내어 말해야 하는 것이 작가의 몫이며 존재이유이기 때문이다.

뒤바뀐 젠더(gender)—박현욱, 『아내가 결혼했다』(2006)

비독점적 다자연애의 결혼 방식을 통보받은 소설 속 주인공 남성은 여전히 여성의 몸을 사용하고 훼손하며 여성의 몸을 상상력의 원천으로 삼으면서도 여성의 내면성과 주체성은 용인하지 못했던 이전 세대의 세계관을 소유하고 있다. 주도권을 장악했던 이전 세계가 스러지고 새 삶의 방식이 등장할 것만 같은 남성의 불안감이 극도로 드러난 소설이라 볼 수 있다.

21세기를 음의 세기라고 말하는 것은 남성만이 독점하고 있었던 이전 세기에 비해 우리 주변의 삶이 여성적인 것들로 점점 채워져 가고 있음을 의미하는 것이다. 그러나 이러한 현상은 물이 위에서 아래로 흘러내리듯 비워진 곳은 저절로 '채워지는' 것과 같은 지극히 자연스러운 것임에도 이러한 여성적인 것의 등장에 대해 남성들은 불편해하고 있는 것이다.

박현욱의 『아내가 결혼했다』는 모계 사회에서 남성이 늘 불안하게 떠돌았듯이 극도의 신경과민과 불안감을 과도하게 드러낸 소설이라 볼 수 있다. 이러한 단정의 근거는 작품 속에서 적나라하게 드러나고 있기 때문이다.

> 메시지를 남기고 기다리는 초조함이란 겪어보지 않은 사람은 모른다.[7]

> 어머니의 두 딸은 난봉꾼을 혐오했다. 그리하여 그 비슷한 일이 벌어졌을 때 누나들은 참지 못했다. 애써 참으려 하지도 않았을 것이다. 두 매형이 감행한 그 비슷한 일이란, 그들의 주장에 따르면, 사실 별 것도 아니었다. 다른 살림을 차린 것도 아니었고 정기적으로 만나는 애인을 만들었던 것도 아니었다. 대한민국의 직장인이라면 누구나 한두번 출입하는 그런 곳에 몇 번 드나드는 것이 고작이었다. 아버지에 비하면 세발의 피에 불과한 것이었지만 누나들은 그 사소한 일마저도 결코 용서하지 않았다. 두 누나는 이혼하는 것으로써 자신들의 신념을 보여주었다. 어쩌면 다른 심각한 불화가 있었던 것인지도 모르지만 내가 알고 있는 한 이혼의 전모는 그러하다. 개인사에서 어떤 사건에 대한 근본적인 원인을 어린 시절의 트라우마로 돌리는 것은 다소 무책임한 일이다. 그러나 두 누나가 이혼한 것이 아버지

---

7) 박현욱, 『아내가 결혼했다』, 문이당, 2006, 51면.

가 남겨준 기억과 전혀 무관하다고는 할 수 없을 것이다.[8]

"여자가 왜 그렇게 밝혀?" "얼마나 많이 하면 이렇게 잘할 수 있는 거야?" "술만 마시면 아무 남자하고나 자는 건 아니지?" 그녀는 정색했다. "나는 섹스를 좋아해. 해보니까 좋더라. 좋으니까 하고 싶더라. 내가 이상한 사람이야? 그리고 잘하는 걸로 따지자면 그게 혼자서만 잘할 수 있는 게 아니잖아. 덕훈씨도 잘해. 덕훈씨도 많이 해서 잘하게 된거야? 우리가 서로 좋아하니까 그것도 좋은 거 아냐? 그리고 나는," 그녀는 잠시 사이를 두고는 다시 말했다. "사랑하지 않는 사람하고도 같이 잘 수 있다고 생각해. 그게 이상해?" 여자야 어떤지 모르지만 내가 아는 모든 남자들은 섹스를 좋아하고 자꾸 하려고 들며 사랑하지 않는 사람하고도 섹스를 한다. 나도 마찬가지다. 생각해보니 전혀 이상하지 않은 일이었다. 그래도 꼭 그런 것만은 아니지 않겠는가. "아무리 그래도…, 여기가 서구 사회도 아니고…, 엄연한 한국 땅에서…, 여자가…." "여자가 뭐 어때서? 한국 땅이 뭐 어때서? 우리 조상들이 어떻게 살았는데? 삼국시대만 해도 고대 모계 사회의 흔적이 남아 있어서 국가제례를 여자가 맡을 정도였어. 여자의 사회적 지위가 높았다는 얘기고 그건 또 그만큼 자유도 허용되었다는 거지."[9]

신혼여행을 준비할 때 아내는 잠옷 같은 건 필요하지 않다며 사지 않으려 했지만 내가 사야 한다고 우겼다. 같은 디자인의 잠옷을 입고 나란히 잠들었다 아침에 깨어나는 풍경을 기대했던 것이다. 그러나 아내는 잠옷 대신 결혼 전과 마찬가지로 반바지나 트레이닝복 따위를 입고 자곤 했다. 그런 거나 입고 자다니. 실크 잠옷의 감촉이 얼마나 부드러운데.[10]

작품 속 남성인물들은 항상 남자랑 여자가 같으냐고 반문한다. 오랜 세월 동안 남녀 차별에 대해 학습 받아온 후유증에서 쉽게 벗어나지 못하고 있는 것이다. 믿고 싶지 않은 상황이 현실로 나타난 것에

8) 앞의 책, 59면.

9) 앞의 책, 66-7면.

10) 앞의 책, 101면.

대한 충격으로 분노에 찬 심경을 토로하지만 남성들의 모습은 한결같이 불과 한 세기 전 우리들의 어머니, 할머니의 형상을 하고 있다. 오래 전에 다른 여성에게 가 있는 남편이지만 매일 밥을 담아놓고 수십 년을 기다린 어머니들의 집착과 상심의 세월이 고스란히 남성에게 옮겨 가고 있음을 보여주고 있는 것이다. 남편의 숨겨진 여자를 찾아내서 머리채를 휘어잡았던 우리의 어머니들처럼 주인공은 아내와 결혼한 남편을 찾아가 주먹을 휘두른다.

'현재'의 아내가 '다른' 남자와 '또' 결혼했다는 이야기를 담고 있는 박현욱의 『아내가 결혼했다』는 제목만으로도 시종 일관 남성중심적 사고에서 벗어나지 못하고 있음을 드러내 보이고 있는 것이다. 이미 일부일처제의 가족 관계 속에서는 수많은 남성들이 '외도'라는 형태로 일부일처제를 조종해 왔고 사실상 중혼의 형태를 유지한 경우가 많았기 때문이다. '결혼한 남편'은 많았다는 말이다.

세상이 남성 중심적 사고로 일관되게 버텨나가야 한다고 믿는 이들에게는 청천벽력과도 같은 일인지 모르겠으나 이미 수없이 많은, 중혼의 예를 보아온 여성에게는 대단한 일처럼 여겨지지 않는 일일 뿐이라는 것이다. 양성평등의 조화를 이루는 데는 이로울 것 하나 없는 중혼의 정경은 슬픈 그림에 지나지 않을 뿐 결코 바람직한 일이 아니라는 데에는 모두가 공감을 할 것이기 때문이다.

그러나 이러한 상황에 대한 환타지를 그려내는 남성들이 확연하게 보여주는 진실은 의식의 저변에 숨기고 있는 불안감이다. 모든 인간관계가 그렇듯 결혼제도 역시 완벽한 제도로 존재하기 힘들다. 이러한 문제는 이미 앞서 살펴본 지나온 세기의 소설 속에서 너무도 세세히 보여주고 있었기 때문이다. 설령 아내의 결혼에 의해 중혼을 유지하려는 부부가 있다고 해도『아내가 결혼했다』의 주인공 남성처럼 현실을 절대 인정하지 않으려 할 것이고 남성의 폭력에 의해 용인되지 못하는 상황이 될 것임을 예고하고 있다.

새로운 남편과 신혼여행을 다녀온 아내를 성적으로 폭행하며 구타하는 행위에서 볼 수 있듯이 그들의 중혼은 행복한 상황을 만들 수 없다. 그러한 선택에는 오직 인간의 탐욕과 집착만이 존재할 뿐인 것이다. 이미 지난 세기를 풍미했던 우리의 수많은 아버지들이 중혼제를 허하라 명령하고 힘으로 제압하였음에도 우리의 수많은 어머니들은 폭압과 장애를 넘어 경쟁자를 끝없이 학대하고 내치려했으며 그 아이들까지 학대한 예가 우리의 기억에 생생한 것처럼 말이다. 다음 세기를 이끌어갈 젊은 세대가 그렇게 어리석은 선택을 할 리는 없는 것이다. 단지 일부일처제의 결혼이 성공할 확률이 낮다는 이유로 전도된 성별에 중혼만으로 대안이 될 필요는 없기 때문이다.

작가는『아내가 결혼했다』는 작품을 통해 남성 스스로가 여전히 20세기의 악몽에서 헤어나지 못하고 있으며 현재의 시간이 어느 지점에 와 있으며 앞으로 어떤 세상을 지향해 나아가야 하는지에 대한 나침반 자체를 잃어버린 것만 같은 어설픈 제스처를 취하고 있다. 불행하게도 성별에 대한 차이를 학습하지 못한 학습 부진의 상태를 자인하고 있는 것이다.

남성의 시선과 여성의 시선에는 전혀 다른 기호가 존재한다. 또한 인간의 내면 의식과 역사와는 결코 무관할 수가 없다. 그래서 그 시기를 살아낸 작가의 세계관은 물론이요, 그 시대 대중의 의식이 당대의 작품 속에 잘 나타나 있는 것이다. 또한 60년대를 거쳐 70년대와 80년대를 거쳐 오는 동안 여성의 자아 인식이라는 문제만이 아니라 여성이 혼자 고립되고 억압받는 사회·문화·정치적인 상황과 '더불어 함께 공유해야 할 문제'라는 시각을 자유롭게 거침없이 드러내 보인다는 것을 알 수 있었다.

시간이 흘렀다고 해도 모든 난제들이 해결되지 못하고 있는 것처럼 여성 내면에 대한 객관적 시각의 문제는 제도나 법률과는 달리 명쾌하게 받아들여지지 못하는 영역이다.

낯설고 때로는 자극적이기도 하지만 시대별 작품 속에서 당대 여성의 현실을 균형 있게 형상화해 왔음을 파악할 수 있었고 그러한 억압적인 상황은 여성들의 노력에 의해 서서히 변모해 왔음도 알 수 있었다. 그러나 새 세기에 들어서면서 이러한 지형은 조금 더 급격한 변신을 꾀한다. 변신의 징후를 보이는 여성이 등장하기 시작한 것이다. 억압적 현실에 의해 가라앉아버리거나 자폭하지 않는 여성이 등장하게 된 것이다. 여성성 인식에 관한 문제 역시 시대의 상황에 따라 서서히 변화해 간다는 것을 잘 나타내주는 예라고 할 수 있을 것이다.

이러한 비교작업은 대립을 목표로 한 것이 아니다. 대립은 서로를 소멸시킬 뿐이다. 또한 대립을 지나 경계로 나아가는 것은 언뜻 혼란을 야기하는 것처럼 보일 수도 있다. 하지만 경계는 혼란이 아니라 만날 수 없는 다른 세계로 이동하는 상상력과 가능성에의 새로운 세계로 나아가는 원동력이 될 수 있다. 화해와 조화로운 양성 평등의 세계를 이루어 가기 위해서라도 이러한 문제적 상황은 해결해야 할 과제로 다시 조명되어야 할 과제이기도 하다.

3

다양한 텍스트에 투시된 젠더의 양상

각색된 드라마와 영화 속에서 재탄생된 인물

영화는 흥행성과 작품성을 저울질 하며 만들게 되지만 텔레비전 드라마는 공공성과 시청률을 의식하며 만들게 된다. 둘의 차이를 적절하게 표현한 글이 있다.

> 드라마는 인간에게 꿈과 거울을 준다고 한다. 누군가 TV 드라마를 꿈과 거울 사이에 가로놓인 무지개라고 표현하기도 했다. 꿈(理想)과 거울(現實)의 기준에서 본다면 영화는 아무래도 꿈의 요소가 강하고, TV드라마는 사회를 비추는 거울로서의 요소가 강한 것이 아닐까?[11]

기본적으로 텔레비전 드라마 각색의 논리는 가족을 중심으로 이야기를 전개하도록 요구[12]받는다. 이는 텔레비전 수용층인 시청자들이 제일 좋아하는 가족 이야기로 만들어야 한다는 논리가 작용하기 때문이다. 그러나 원작에서 강조되는 심리적인 초점은 연애사건의 통속성에만 치우쳐 여성 인물이 평면화 되는 경우가 허다하다.

11) 최상식,『TV 드라마 작법』, 제 3기획, 1994, 163면.

12) 정문수,「소설의 무한성과 TV 유한성의 문제-드라마는 딜레마다」,『문학사상』, 1986년 4월.

또한 가족 단위로 보게 되는 텔레비전 드라마는 공공성을 따지지 않을 수 없다. 그러나 실제 1987년에 제작된 드라마 〈토지〉는 '현실'에 밀착되지도 '통속적인 감각에 접촉' 하려는 경향도 보이지 않았다. 텔레비전 드라마는 그 시대를 허구적으로 재구성한 사회 문화적 구성물이며, 당대의 문화적 가치 및 요구들을 반영하고 설명한다.[13]

드라마 〈토지〉가 제작 방영된 1987년은 노동자 대투쟁이 있었지만 여성의 노동 환경은 저임금과 고용불안정으로 이어져 가족 내 권력 관계에서도 여성에게 부정적인 영향을 끼쳐 여성의 낮은 지위가 재생산되는 결과를 낳게 했다. 여성노동자들이 경제적인 이유로 섹스산업에 포섭되었음에도 대부분의 서사는 그녀가 전락한 동기를 부주의하게 처녀성을 상실하였기 때문이라든가, 성적 욕망이 과도했기 때문이라는 식으로 왜곡시켰던 것이다. 또한 경제 개발의 결과로 중산층의 등장이 외적 성장으로 비쳐지기는 했으나 정신적으로 성숙된 단계로 나아가지는 못했던 시기였다. 여성 정체성의 문제 또한 당대의 사회적 인식의 한계 속에 갇혀 있었던 시기라 할 수 있는 것이다. 결혼한 여성의 사회적 진출을 가능하게 한 사회적 변화 속에서 여전히 가사와 육아에 대한 부담은 오직 여성만이 감당해야만 했던 시기였기에 페미니즘 논의와 함께 여성의 삶에 대한 사회적 배려를 꿈꾸는 소설이 등장하기 시작한 시기이기도 했다.

그러나 1990년대에 들어서면 1989년 베를린 장벽의 소멸과 함께 거대 서사가 사라져 버림으로써 다양한 담론들이 쏟아져 나오기 시작

13) 김승현·한진만, 『한국 사회와 텔레비전 드라마』, 한울, 2001, 104면.

한다. 이 시기의 가장 중요한 화두는 '개인'이었다. 그러나 국가부도사태라는 초유의 국면을 맞이함으로써 경제적인 파탄은 수많은 가족을 해체로 내몰게 된다. 하지만 이러한 사회분위기로 인해 다시 가족의 의미는 재점검되기에 이른다. 드라마 〈토지〉는 이러한 사회적 상황의 연장 선상에서 제작 방영된 것이다.

1987년 드라마 〈토지〉에서 서희는 주체적이며 독립적인 여성이었지만 상대적으로 독립운동을 하던 주변 인물의 이미지는 대부분 약화되었다. 그러나 〈토지(2004)〉에서는 서희의 주체성은 약화되고 가부장권이 강화된다. 어려움에 처한 서희는 언제나 길상에 의해 구조되고 등장하는 남성들은 최서희의 근시안적인 행위를 질타한다. 비윤리적인 경제활동을 한 친일파 최서희와 독립운동가 김길상의 관계가 대비되는 가운데 최서희의 정체성은 남성 의존적인 모습으로 변모한다. 그러나 자식의 문제에 있어서는 양녀 양현을 며느리로 맞이하려는 노력을 보이는 등 철저하게 조력자가 된다. 결국 〈토지(2004)〉에서의 최서희는 조준구라는 원수에 대한 분노에 이성을 잃어버리거나 남성 의존적인 인물로 변모되어 있음을 알 수 있다.

하녀의 삶으로만 구획정리 되어 도구화되었던 영화에서와는 달리 봉순이의 삶 전체가 드라마에서는 가감 없이 그대로 복원이 되고 있다. 그러나 소설에서는 장면화 되지 않고 암시적인 묘사만 되었던 봉순이의 죽음을 드라마에서는 선명하고 세세하게 보여준다. 소설에서는 드러나지 않았던 봉순이의 삶을 장면화했으나 사유하고 고뇌하는 인물로서가 아니라 철저하게 도구화 되고 소모적이면서 부정적인 삶을 사는 여성으로서만 부각되고 있다.

가장 입체적이며 개성 있는 인물인 임이네의 행동은 소설에서 서술된 모든 부분들이 거의 대부분 장면화되고 있다. 특히 임이네의 죽음은 소설에서는 한 줄로만 설명되는데 드라마에서는 직접 장면화 된다. 한 인간의 추악함의 말로를 정확하게 보여주기 위해 인물을 극단화함으로써 임이네의 풍부한 성격은 오히려 박제화 된 경우라 볼 수 있을 것이다.

'텔레비전은 정작 보여주어야 할 것은 보여주지 않거나, 또는 그것을 무의미하게 하는 방식으로 보여주거나 현실과 전혀 일치하지 않는 의미를 주는 방식으로 다른 것을 구성한다.'[14]는 부르외디의 논리가 그대로 적용되고 있는 것이다.

임이네의 경우 원작에서도 인물은 좋았으나 탐욕과 질투의 화신이며 끼니를 위해 몸을 주는 정조의식 없는 여성으로서 부정적인 부분이 중점적으로 묘사되고 있다. 결국 드라마 속 여성 인물들은 신산스러운 삶의 장에 내몰려서 저마다의 방식으로 자신들의 삶을 개척하는 주체적인 여성상을 제시하지 못하고 있는 것이다. 이러한 현상은 매체의 한계라 볼 수도 있지만 작가와 수용자 모두가 지니는 당대의 현실에 대한 인식의 문제도 작용하고 있음을 알 수 있다.

대중매체는 여성에 대한 환상을 매일 스크린 밖으로 내보낸다. 광고와 드라마, 영화와 뮤직비디오에서 여성성의 기호는 끝없이 쏟아지게 된 것이다. 이것은 엔소니 기든스가 이미 주창한 바 '친밀성의 역사적 영역'[15]의 확대라 할 만하다.

---

14) 피에르 부르외디,『텔레비전에 대하여』, 동문선, 1998, 30면.

15) 엔소니 기든스,『현대사회의 성 사회 에로티시즘』, 새물결, 1996, 279면.

『토지』의 각색 과정에서 변화하는 여성인물들의 모습은 시대의 흐름과 밀접한 관계를 가지고 있음을 알 수 있다. 1974년 제작된 영화 속 여성은 상업성에만 치우쳐 여성인물의 정체성이 평면화되거나 왜곡이 심하였으나 원작에 비교적 충실했던 드라마에서는 시대의 변화에 따라 1979년과 1987년과 2004년의 시간적 흐름과 정치적 상황에 따라 인물의 성격에도 영향을 주고 있음을 알 수 있었다. 특히 2004년의 드라마에서 여성인물의 주체성이 약화되고 가부장권이 강화되는 모습은 특기할 만한 변화라 할 수 있다.

억압에 대한 표출방식의 변화

정비석의『자유부인』에 비하면 전경린의『내 생에 꼭 하루뿐일 특별한 날』에서 나타나는 주인공의 행보는 대조적이다. 이 소설에서는 한 여성의 치열한 자의식과 격정적인 내면의 깊이가 선명하게 드러난다. 전경린이 그려내는 소설 속 주인공은 기만적이고 허위적인 삶에 안주하기보다는 자신의 욕망에 충실하고, 그것이 자신의 파괴나 파멸로 이어질지라도 그 욕망의 극단까지 질주하고자 한다.

어느 날 주인공 미흔 앞에 남편 회사의 여직원이 집으로 찾아와 "당신과 같은 안전주의자가 평생을 나누어도 못 나눌 양의 사랑을 우린 나누었어."라고 말하며 남편의 불륜 사실을 폭로한다. 미흔은 "스물 한 살에 만난 남자가 전 생애 동안 자신만을 사랑하고 자신 또한 단 하나의 남자만을 사랑하며 평생 동안 하나의 생을 온통 함께 사는 것"을 꿈으로 여겼기에 그 충격적인 사건은 세상의 모든 일에서 떨어져 나와 버리는 무기력한 상태에 빠져버린다. 남편은 관계 회복을 위해 노력하지만 그 모든 것을 참을 수 있게 하던 사랑이 박탈된 미흔은 결코 회복되지 못한다. 그러다가 미흔은 남자를 만나고 서로 먼저 사랑한다고 말하면 지는 게임을 시작한다. 미흔이 휩싸인 사랑의 열정은 스스로를 확인하고자 하는 열망의 다른 이름이다. 결국 나 아닌 것들을 다 털어내어 버리고 오직 나만으로 구별되고 싶다는 정체성에 대한 갈구가 그에 대한 사랑을 더욱 불붙게 만든다.

'아이와 가정이라는 그 아름다운 동화로 얼마나 많은 여자들을 유폐시키는가, 얼마나 많은 여자들이 이 생에서 실종되는가. 그럼에도 불구하고 나 여기 있다고 존재를 드러내지 않았어야 했을까'라는 여성의 삶에 대한 성찰이 작품 곳곳에 드러나 있다.

그러나 작품 속 현실에서 아내의 외도를 목격한 남편은 오열하며 폭행한다. 1954년『자유부인』속 남편과 그리 다르지 않은 모습이다. 50년의 시간도 남편의 의식을 변화 시키는 데에는 그리 힘을 발휘하지 못했음을 알 수 있게 하는 장면이다.

미흔은 결국 모든 것을 잃고 혼자가 된다. 남편의 용서 속에 가정으로 돌아오는『자유부인』과는 대조적인 결말이다. 그러나 이는 죄를 용서받고 강요되는 귀가가 여성에게 또 다른 억압이 될 수 있다는 것을 보여주는 앞선 작품들에 대한 거부의 의지이기도 하다. 결혼한 여성에게는 자신의 내면에 이끌린 선택이란 것이 근본적으로 봉쇄되어야 한다는 윤리적 인식에 대한 작가의 강한 의지가 드러나는 장면이기도 하기 때문이다.

영화가 소설과 함께 논의 될 수 있는 것은 둘 사이의 공통성, 즉 '이야기를 전달한다'는 점에 근거한다. 그러나 문학과 영화는 다르다. 영상 매체와 문자 매체는 각각 고유의 독자성과 특성을 지니고 있기 때문이다. 그렇지만 이 두 매체는 서로에게 강력한 영향을 미치는 상보적 관계를 형성하고 있는 것 또한 사실이다.[16]

16) 문해경,『문학과 영상예술』, 삼영사, 2001, 198면.

영화는 소설의 서사구조를 차용하고 있으며, 소설은 영화적 상상력이나 영화문법을 새로운 기법으로 활용한다. 소설을 원작으로 하는 영화의 경우 두 매체간의 이러한 밀접한 관계는 더욱 강화된다. 내면을 치밀한 문장으로 묘사하는 논리의 묘사는 독자나 관객과의 거리를 멀게 만든다. 그러므로 시작부터 주제를 전면에 내세운『자유부인』과『내 생애 꼭 하루뿐일 특별한 날』과 같은 작품은 대중과 폭넓게 소통될 수 있는 가능성을 보여준 예라 할 수 있을 것이다.

신문 연재소설의 특성상 두 작가는 모두 대중 독자를 생각하지 않을 수 없었을 것이다. 또한 그 시대의 대중과 시대적 상황을 염두에 두지 않을 수 없었다는 뜻도 지니고 있다고 볼 수 있다. 그리고 두 작품은 모두 영화로 제작되었다. 그러나 두 작품에서 나타나는 여성에 대한 시각은 50년이라는 시간적 거리만큼이나, 남자 감독과 여자 감독이라는 차이만큼이나 엄청난 변화를 보이고 있다. 그들이 변화를 보인 사실에 의미를 두는 것은 불행하게도 90년대 말의 영화 〈해피엔드〉에서처럼 시간이 흘렀다고 여성 정체성의 문제가 달리 해석되고 있지 않기 때문이다.

그러나 전경린의 원작에 충실한 변영주의 〈밀애〉는 조금 다른 측면을 보이고 있다. 앞의 작품처럼 여전히 여성의 불륜을 다루고 있지만 〈밀애〉에서는 여성의 내면의식에 좀 더 가까이 다가가 있다. 남편을 의심하거나 그들 사이의 사랑을 단 한 번도 의심해 본 적 없었던 주인공 미흔이 남편의 외도로 인해 남편의 정부로터 머리를 구타당하는 충격적인 사고를 겪은 뒤부터 변화를 겪기 시작하는 정신적인 여정에 작품의 초점이 맞추어져 있다, 〈자유부인〉의 주인공과 비교를 해 보면 카메라의 렌즈는 완전히 자리바꿈을 한 것이다. 미흔이 겪는 갖가지 내적 외적 변화에 비한다면 남편의 모습은 제대로 부각되지 못하는 수준에 가깝다. 원작에서나 영화에서나 여성의 내면적 자아에 초점이 맞추어져 있기 때문이다. 미흔과 유일하게 소통 가능한 이웃집 여자로 등장하는 휴게소 주인 나은연의 존재는 여전히 남편으로부터 구타당하는 여자로 설정되어 있다. 이 또한 여전히 변함없는 여성의 현실을 반영하고 있다고 볼 수 있다.

전통적 관념과 억압에 대한 표출방식의 변화

변영주 감독은 정신대 문제를 비롯하여 남성 중심적 사회 분위기와 여러 가지 억압적 제도로 인해 상처받은 여성의 현실을 렌즈 속에 담아온 다큐멘터리 작업만을 주도해 왔던 여성 감독이다. 〈밀애〉는 변영주 감독이 만든 최초의 상업 영화였고 영화 속에서 그가 주장하고자 했던 메시지는 작가가 의도했던 것과 일치되는 '여자라는 존재가 지닌 생명성'이었다.

〈자유부인〉에서 교수인 남편이 자신의 외도에 대해 자각이 없는 것처럼 〈밀애〉에서도 미흔의 남편은 자신의 외도로 인한 아내의 상처에 대한 배려는 형식적이다. 직업을 바꾸고 시골로 이사를 가면서 상처받은 아내를 위해 무언가 노력을 하고 있는 듯한 모습은 50년 전 〈자유부인〉의 선영이 처해 있었던 환경에 비하면 대단한 변모라고 할 수 있을 것이다. 그러나 영화 속 남편의 모습 또한 여전히 근본적인 사안에 대해서는 이해의 여지가 없어 보인다. 겉으로 보여주는 행동과는 달리 그의 내면에 자리하고 있는 심각한 몰이해와 폭력적인 사고의 수준이 매우 심각한 상태이기 때문이다. 자신이 드러내 보인 폭력적인 상처에 대한 고통이 어떠하든 그것은 무시한 채 절대로 미흔을 놓아주지 못한다는 이기심은 치명적인 상처를 안겨준 아내에 대한 몰이해의 극치라 볼 수 있다. 휴게소 여주인인 나은연을 심하게 구타한 남편이 아내가 어디로 도망가든 찾아와서 다시 폭력을 휘두르는 모습과 크게 다르지 않은 이기심인 것이다. 미흔에게는 눈에 보이는 피를 흘리게 만든 사람이나 가슴 속에 피멍이 들게 만든 사람이나 다를 것이 없다는 사실에 대해 영화는 세세히 말하고 있다. 그러나 현실에서는 미흔이나 은연의 상황 따위는 여전히 인정하지 않고 있는 것이 이 시대의 여성에게 놓인 변하지 않는 현실인 것이다. 1950년대의 선영에게도 그랬고 21세기를 살아가는 미흔에게도 이유야 어찌 되었든 가정을 버린 여자에게 주어진 환경은 언제나 그녀를 이용만 하는 악인들의 소굴이다. 미흔이 구름 모자 벗기기 게임을 즐기게 되는 것이나 그들 모두 게임에 빠져버리는 상황 역시 뻔히 예견되었던 이 시대가 요구하는 결말이다. 달라진 것이 있다면 〈자유부인〉의 선영의 모습과 다르지 않은 결말 앞에서 취하는 미흔의 선택이다. 남자가 사고로 죽고 홀로 남은 미흔이 미래가 불투명한 일용잡급직에 만족하며 웃는 모습으로 사진관에 가서 사진을 찍는 마지막 장면은 상징하는 바가 크다. 영화 〈밀애〉에서는 주인공의 독백처럼 숨을 쉬고는 있었으나 죽음과도 같았던 시간을 살아 내야 했던 미흔이 비로소 살아있다는 자각을 하게 되었기 때문이다.

이처럼 영화 속의 시대적 배경은 여주인공의 의식에 지대한 영향을 미친다. 아래의 영화 장면들을 살펴보면 여성의 내면이 어떻게 다루어지는지 좀 더 선명하게 살펴볼 수 있다.

영화 〈밀애〉

① 테러
서른의 전업주부 미흔의 집에 찾아온 빨간 스웨터의 여자. 그녀가 입을 열어 미흔의 남편을 오빠라 부르기 시작한다. 그리고 미흔은 그 여자로부터 머리를 맞고 쓰러진다. 그것은 단 몇 마디로 미흔의 삶을 송두리째 빼앗는, 크리스마스 오후의 끔찍한 테러였다.

② 도피
"삶이 참을 수 없이 하찮아. 하찮아서 미칠 것 같애."
고요한 나비 마을의 평화로움에 도취되어 미흔 가족은 마치 아무 일이 없었던 것처럼 살고 있다. 그날 밤 이후 원인을 알 수 없는 두통에 시달리던 미흔은 아주 고통스럽게 자신의 아픔을 내쏟는다. 그렇지만 변한 것은 아무 것도 없어 보인다.

③ 인규
"인생을 바꾸는 짓 따윈 평생 한 번이면 충분해."
인규는 근처 호숫가에서 낚시를 즐기고, 나머지 시간엔 물고기를 낚듯 여자를 만나 섹스를 즐기는 한적한 시골병원 의사. 평화로운 나비마을에서 자신의 방식대로 삶을 즐기는 것이 익숙해지려는 즈음, 그가 그녀를 만난다.

④ 게임
"나하고 게임이나 할까요?"
그때였다. 뜨거운 햇빛이 내비치는 휴게소에 앉아 있던 미흔에게 날카로운 경적소리처럼 그를 일깨우는 낯선 목소리의 인규. 미흔은 온몸으로 그를 거부하지만, 동시에 온몸으로 그에게 빠져들고 있다.

⑤ 빈자리
"이제서야 모든 게 잘되겠지 했는데......"

미흔의 남편은 얼마 전부터 연못을 만들고 싶어 했다. 연못은 모든 것을 잊고 물고기를 가꾸며 단란하게 살자는 그의 꿈이다. 그러나 그 자리에 함께 있어야 할 미흔은 없고 연못만 덩그러니 남아 있다. 그리고 그의 아내는 이 시간 여관 속 숲길을 걸어 나온다. 미흔을 기다리는 남편 효경과 돌아올 수 없는 길을 선택한 두 사람. 미흔은 남고 인규는 사고로 죽는다. 미흔은 일용직에 삶을 의지하고 있지만 살아 있다는 확인을 할 수 있어 자유롭다는 독백을 한다.

위에서 살펴보았듯이 1954년에 발표된『자유부인』과『내 생애 꼭 하루뿐일 특별한 날』은 표면상으로 드러나는 시간상의 많은 차이에도 불구하고 여성문제를 다루는 데에 있어서는 공통점을 드러내고 있다.

두 작품 모두 결혼으로 인해 일상을 송두리째 구속당하는 여성의 삶을 그려내되 가장 가까워야 할 남편과의 갈등으로부터 예각화 된 문제의식을 보여준다는 것, 이들 여성에게 억압을 가하는 직접적인 가해자로 보이는 남편이 사회의 다른 이름일 뿐이라는 것, 부부 갈등의 핵심이 되는 사안들도 일반적인 여성소설의 보편적인 문제의식을 공유하고 있음을 알 수 있다. 이는 여전히 사회적 불평등의 전통적 관념과 질곡에서 헤어나기 힘든 현실에 대한 문제의식의 소산인 것으로 보이며 50년의 시간 차이는 있지만 지금도 여성에게 놓인 자아 인식의 지형도는 나아진 것이 없다는 것, 결국 동일 선상에서 배회할 수밖에 없음을 보여주는 것이다.

그러나 형상화 방법, 갈등의 내용, 억압의 표출방식 등의 차이는 50년이라는 창작 시기상의 차이, 작가의 성별과 인식의 차이 등을 드러내는 것으로서 그것을 통해 두 작품 비교의 보다 큰 의의를 얻어 낼 수 있었다.

두 작품은 모두 남편으로 대변되는 현실에 대한 여성 자아의 변화 과정을 그려내고 있다는 공통성에도 불구하고, 그것이 하나는 도식적이고 피상적인 행동만으로, 하나는 내면을 형상화해서 적나라하게 드러나는 방식이라는 점에서 차이를 보인다.

결국 『자유부인』은 작가의 목소리가 높고 불륜의 형상화도 강도 높은 고발 문학적 양상을 보이는 반면, 『내 생애 꼭 하루뿐일 특별한 날』은 목소리도 낮고 갈등의 양상도 내적으로 숨어 있으며 결말에서 정체성 확립이라는 우회적 저항을 드러낸다는 점에서 궁극적 차이를 지닌다. 이러한 차이는 전경린의 소설이 정비석에 비해 좀 더 차분한 문학적 성취를 얻고 있지만 이들 작품의 발표 시기상의 차이, 여성문제에 대한 사회적 인식의 정도 등을 고려해 볼 때, 우열의 문제라기보다는 이들 두 세대의 각기 다른 사회에서 작가나 독자들에게 문제화될 수 있는 것이 무엇이며 시기별로 나타나는 억압의 특징은 무엇인가 하는 점이다.

가장 분명한 차이는 남녀 작가가 지닌 개성의 차이라고 볼 수 있을 것이다. 정비석의 경우 가정을 등한시하는 그 시대 여성에게 사회의 부패상을 그려 보여 경종을 울리겠다고 단언했다시피 다분히 일방적이고 도식적인 견해를 지니고 있음을 알 수 있다. 이에 비해 전경린은 나비 마을이 상징하듯 나비의 예를 들어 여성의 소외와 내적 자아 인식에 대한 견해를 펴 보이고 있다. 나비가 날기 위해서는 30도 이상의 체온을 유지해야 하는데 그 방법으로 최대한 햇빛을 쪼여 그 복사열로 날아오른다는 부분을 강조하며 제도의 온실 속에 복무하기보다는 차라리 나빠지더라도 비상을 꿈꾸는 여성을 상징적으로 그려내고 있다. 작가는 말한다. 때론 여자가 스스로 불 속으로 몸을 던지는 것처럼 보이는 현상에 대해 누군가가 규명을 했던가, 혹은 규명하려고 노력이라도 했던가. 나비의 비밀은 체온이 뜨거운 동안만 날 수 있다는 데 있지 않을까라고.

물론 작가의 의도가 작품을 모두 설명해 줄 수 있는 것은 아니지만 이러한 여성 문제에 대한 작가의 의식은 당시의 사회 분위기나 문단 분위기와도 무관하지 않은 것이어서 이들 개성의 차이는 결국 두 시대의 문학적 배경을 보다 큰 원인으로 짚어내도록 이끈다.

전후 미군정과 사회의 혼란으로 인한 가치관의 혼란 속에서 정치인의 부패와 민주주의와 여성 인권의 문제가 인식되지 못한 상황에서 그려낸『자유부인』이 열광적인 지지를 받을 수 있었던 것은 지도층 인사의 압력과 비난에도 불구하고 말 그대로 자유롭게 자신의 생각대로 행동하는 소설 속 여주인공에 대한 애증의 발로라 할 수 있을 것이다. 작가는 대중의 이러한 심리에 부합하는 소설을 써낸 것이다. 그러므로 주인공들은 그 시대가 요구하는 모습에 잘 순응하는 형상을 하고 있을 수밖에 없었던 것인지도 모른다.

그러나 90년대 말에 발표된 전경린의『내 생애 꼭 하루뿐일 특별한 날』의 경우는 시대적 변화에 따라 많은 차이를 보이고 있다. 물론 이 시기에도 공지영의『착한 여자』 같은 작품에서는 남자의 폭력으로 자아정체성을 잃어버리고 자살에까지 이르는 여성 현실을 단선적으로 그려내는 결함은 있다. 하지만 90년대적 현실에서 우리 소설은 남성의 표면적 악과 여성의 피해의식을 극단적 대립구조로 그려내는 단계는 넘어섰다고 볼 수 있다. 따라서 페미니즘을 내세우지 않고도 여성

문제를 꿰뚫고 현대사회의 불모성과 소외의 문제로까지 나아간 전경린의 작품이 나올 수 있었던 것이다.

한편 이들 작품이 영화화된 상황을 살펴보면 우리나라 영화가 1919년 단성사에서 처음으로 상영된 것처럼 세계 영화사의 흐름에 크게 뒤지지 않았던 것은 특기할 만한 사항이라 할 수 있을 것이다.

『자유부인』이 상영된 1956년 한국에서는 종전(1953년) 직후라 어려운 상황이었지만 미군이 주둔한 상황 아래 영화 제작만은 꾸준히 이루어질 수 있었다. 영화 속 대사에서 영어 남발이라든가 돈의 문제가 중심 테마가 되고 있는 것, 선영이 바깥세상에 물들기 시작하는 것도 그 시대적 배경과 돈이 문제였다는 점도 시사하는 바가 크다고 할 것이다. 이처럼 영화사 속의 사건들은 그 시대의 정치 · 경제적 상황과 불가분의 관계에 놓여왔다는 것을 알 수 있다.

1989년 한국에서는 수입 외화의 90%가 오락영화였다. 수입된 영화 중 대표적인 작품으로는 『다이하드』, 『인디아나 존스(최후의 성전)』, 『언터쳐블』, 『사이공』, 『메이져 리그』, 『비버리 힐스 캅』, 『해리가 샐리를 만났을 때』, 『레인 맨』, 『개같은 내 인생』, 『전망 좋은 방』, 『택시 드라이버』, 『프라하의 봄』을 들 수 있다.

방화 중에서는 『서울 무지개』가 흥행 1위(X양 사건과 맞물린 시기)였다. 그러나 지나친 성행위가 범람함으로써 이에 대한 비난의 기사가 자주 신문 지면을 오르내렸다. 일간스포츠 3월 8일 자에도 실렸지만 이 시기는 에로물의 홍수를 이루던 때라 할 수 있을 것이다. 원작 소설을 영화화하는 일도 비일비재했지만 작품성에 대한 기대는 가질 수 없는 수준의 실패작이 대부분이었다.

그러나 〈밀애〉의 경우는 아주 달랐다. 주로 다큐멘터리 작품만을 제작해왔던 변영주 감독은 대중적 인지도가 가장 높은 독립 영화 감독이다. 그녀는 매춘 관광에 관한 다큐멘터리 작품인 〈낮은 목소리〉 '아시아에서 여성으로 산다는 것'을 1993년에 제작했고 1995년과 1997년에는 〈낮은 목소리2〉를 1998년에는 〈잊혀진 장인 양주남 감독〉, 1999년에는 〈숨결〉에서 정신대 할머니들의 삶을 다룬다. 2000년에는 〈지역 영화사 전주〉 2002년에는 상업 영화 1호 작품인 〈밀애〉를 제작했고 2004년에는 〈발레교습소〉를 발표했다. 〈밀애〉는 2002년 여성 관객이 뽑은 최고의 영화로 뽑혔고 2002년에는 베를린 영화제 포럼 부문에 초청이 되었고 2003년에는 홍콩 영화제 경쟁부문에, 시네판 영화제에서는 개막작으로 선정되기도 했다.

〈밀애〉에서 보여주는 변영주 감독의 시각은 그녀의 앞선 작업의 연장선상에 있다고 보아도 무방할 것이다. 그녀는 이 작품을 발표한 뒤 별 탈 없이 살아간다는 것은 그만큼 도덕에 붙들려 통제받는 삶이며, 비록 혼란을 경험하더라도 자유를 경험하고 제대로 사는 듯한 자각을 하는 여성의 모습을 그리는 것이 의도였다고 말했다. 작품의 원작자인 전경린 또한 이제까지의 불륜이나 멜로물을 남자가 써가는 동안 여자들은 사이렌이 되고 마녀가 되고 점점 더 이해할 수 없는 존재(정비석에 의하면 허영의 괴뢰)가 되었지만 지금은 파멸의 길을 과감히 걸어 나가고도 되돌아가지 않고 당당히 살아내는 모습을 보아내는 시점에 다다른 것이라고 말한다.

세계 영화사에 있어서 1980년대를 지나서 90년도를 장식한 대부분의 중요한 변화는 아시아에서 기인되었다. 이는 한국과 크게 다르지 않은 정치적 격변의 시기를 경험해내었고 20세기의 폭력성을 고스란히 감당해낸 공통점을 지니고 있기에 그 시대를 가장 적나라하게 드러내는 것이 영화 작업이라는 것을 말해주고 있다고도 할 수 있을 것이다.

이처럼 동일한 여성 문제의 인식과 서사화 과정에 있어 창작 시기상의 차이는 작품의 형상화에 복합적으로 작용하고 있음을 알 수 있다.

해피앤드와 가족 로망스

영화 해피앤드는 젖먹이 아이를 둔 어머니의 불륜은 살인을 당해도 되는 범죄라는 수준의 시선이 정당성을 부여받고 있는 영화라 해도 무방할 것이다.

이제까지의 영화나 소설 혹은 사회적 이슈에서 결혼 생활을 영위하는 대부분의 부부가 세월이 흘러감에 따라 무덤덤해지고 그런 일상에서 벌이는 남편의 외도는 자연스러운 일로 넘겨왔다. 그런 상황에서 아내의 고통이나 상처는 사회적으로 용인되지도 드러나지도 않는 문제였다. 평온한 일상을 영위하기 위해서, 혹은 자식들을 위해서 어머니나 아내의 자리에 있는 여성은 거의 대부분 침묵했다. 남편의 외도 앞에서 대부분의 아내는 남편과 부정한 관계에 있는 여성을 찾아가서 집기를 부수고 머리채를 잡거나 마주하고 있는 여성의 얼굴에 음료수를 끼얹는 수준의 행동으로 남편에 대한 응징을 하거나 용인이 되거나 합의가 된다면 이혼을 할 뿐이었다.

해피앤드의 감독은 IMF를 경험한 한국 남성들의 좌절과 상실감을 묘사했다고 밝혔다. 부를 획득한 남성이 여성관계에 있어서 어떤 태도를 취하는지에 대해서는 그동안 수없이 많은 영화에서 이미 보여주었다. 해피앤드에서는 부를 획득한 여성이 어떻게 되는지를 보여주고 있다. 이제까지 경제적 능력 없고 순종적이기만 한 여성상을 보여준 다른 작품과의 차별성을 가지는 부분이기도 하다. 남성이든 여성이든 등장하는 인물 모두가 각자의 정체성에 위기를 맞이하고 그 어떤 인물도 원하는 것을 성취하지 못한다. 그런데도 해피앤드에서 최민식의 이미지만은 기존의 가부장적 남성상과 부합한다. 또한, 재력을 가진 여성의 응징에 대한 부분에서는 조선 조 말 의도적으로 배포되었다고 전해지는 장화홍련전의 내용과도 부합한다.

재력을 가진 여성은 남성의 권력을 위협하는 존재가 된다. 장화홍련의 이야기에서 대부분의 사람들은 전처 소생의 자식들인 장화 홍련을 계모가 죽이는 이야기로 기억을 한다. 그러나 원문에서 강조되고 있는 부분은 계모가 사또와 설전을 벌이는 부분이다. 계모는 남편이 전처소생의 자식 혼사에 전 재산을 탕진하여 신분상승을 꾀하려 하니 나도 나의 아들과 먹고 살기 위해 어쩔 수 없이 저지른 일이라고 항변한다. 이에 대해 사또는 여자의 신분으로 돈을 알게 된 죄가 가장 크다고 꾸짖는다. 여자가 재력을 가지려고 하고 재물을 탐하는 일은 살인보다도 더 무서운 죄악이라는 다그침과 그러한 내용이 담긴 내용의 장화홍련전을 필사하여 배포까지 한 것은 당대의 여성 인식의 수위를 드러내는 일이라 볼 수 있다. 그러나 20세기말의 한국에서 시대를 거슬러 올라가는 듯한 시선이 영화 속에서 엄존하고 있다는 사실은 당대의 현실을 반영하고 있다고 해도 무방한 것이다.

1997년 이후 대한민국의 30대 재벌 중에서 반이 넘는 16개 재벌 회사가 부도를 내고 무너졌다. 수없이 많은 가장들이 실직의 행렬을 이어갔고 여성들은 비정규직으로 내몰린 후 생계를 도맡았다. 결과적으로 정규직 일자리를 가지고 있었던 여성들이 직장에서 쫓겨난 뒤 재취업의 기회를 가졌다 해도 80% 이상이 비정규직으로 자리보전을 했다. 그로부터 20년의 세월이 흘렀다고는 하나 여전히 여성의 일자리 80% 이상이 비정규직이라는 이러한 통계 수치들이 모든 것을 설명할 수는 없다. 그러나 현재의 한국 여성이 사회적으로 갖는 지위의 수준을 어느 정도 보여준다고 할 수 있는 것이다.

불륜을 저지른 아내를 살해한 남편이 정부를 살인자로 만드는 완전범죄를 저지른 뒤 우울한 표정으로 아이를 돌보는 모습을 보여주며 끝나는 〈해피앤드〉는 전통적인 남성성의 의미를 지극히 가부장적인 방법으로 재현하고 있다. 이러한 상황에 대해 남성 관객들은 아내를 살해한 범죄자 최민식을 동정적으로 보았다.

수십 년 동안 여성에 대한 시선이 변화하기 힘든 여러 요소 중에서 가사와 육아에 대한 여성의 역할에 대한 고정관념이 여전히 요지부동이라는 것을 보여주는 부분일 수 있을 것이다. 당대에 만들어진 IMF 이후 많은 영화에서 남성들을 죽여왔음에도 여성에 대한 시선에 대한 의심을 걷어내기 어려운 것은 2017년의 일상 속에서도 가진 자의 폭력은 여전히 재생되고 있기 때문이다.

언제나 그렇듯이 가족로망스라는 미명하에 이루어온 남녀 관계의 아름다움은 진정한 의미의 평등을 함께 누릴 때 만이 얻을 수 있는 결과이기 때문이다.

불운에 대한 면역적 기능으로서의 환상

드라마 〈장미빛 인생〉

들뢰즈는 자본주의 체제를 전복하는 탈주의 끝이 여성의 자궁이 될 수 있는 가능성에 대해 말해 왔다.

영상의 세계는 1895년 프랑스의 뤼미에르 형제에 의해 비로소 열렸다고 볼 수 있다. 이후 백여 년이 지난 지금은 꿈속의 세계를 눈으로 볼 수 있게 만들어준 영화의 발달과 함께 텔레비전의 보급까지 이어져 텔레비전 드라마 또한 미디어 문화에 지대한 영향을 미치고 있다.

미디어 문화연구는 영상 텍스트들을 당대의 사회적 기록이자 정치적 이데올로기의 표출로 파악하고 있다. 특히 영화나 텔레비전 드라마는 매 시대 보수적 지배 이데올로기에 봉사하기도 하고, 반대로 진보적 저항 이데올로기에 동조하기도 하면서 한 나라의 문화 형성에 막강한 영향력을 행사하고 있다. 그래서 문화 연구자들은 이러한 영상 텍스트들을 분석해 당대의 문화와 사회 속에 숨어 있는 심층 메시지들을 읽어낸다.

지금의 이삼십 대는 그 이전 세대와는 달리 태어나면서부터 영상과 텔레비전 문화에 젖어왔고 활자와 종이보다는 음향과 이미지에 더 익숙한 세대다. 기껏해야 한 달에 한 번 정도 극장에 가서 영화를 보았을 뿐 활자 매체와 더 밀접한 관계를 맺고 살아왔던 부모 세대와 자녀 세대의 정신적 문화 영역의 차이는 이런 점에서도 극명하게 대비된다. 지금의 젊은 층은 종이와 활자보다는 순간적이고 찰나적인 음향과 이미지에만 익숙해져 있어서 상상력과 사고력의 퇴화를 걱정할 수준에 이르렀다고 볼 수 있다.

그럼에도 불구하고 최근의 미디어 연구는 당대의 문화와 사회상을 연구하는 좋은 장이 된다는 점에서 영상 매체에 집중조명을 하고 있다. 문화 연구 학파는 아니지만 영국인 학자 마이클 우드는 사회적 문헌으로서의 영화의 의의에 대해 이렇게 말한 바 있다.

금세기 영화는 소설과 잡지들이 언제나 해오던 목적들 중의 한 가지를 맡게 되었다. 즉 영화는 우리들의 사회생활에 대한 지침을 모아놓은 서류철이 된 것이다. 그래서 미국 영화의 사회학은 곧 미국영화가 알튀세가 말하는 이데올로기를 위해 어떻게 봉사하는가 하는 문제가 된다. 즉 미국과 그 외 다른 곳에서의 도덕적, 정신적 생활이 어떻게 영화에서 발견되는 구조와 일치하는가 하는 점에서 말이다.[17]

바르트적 맥락에서 신화myth란 이야기가 진실과 정당함과는 관계없이 그 시대의 지배적인 이데올로기로 자리 잡은 것을 말한다. 말하자면 삼각관계의 멜로드라마는 항상 경쟁자 중의 한 사람이 떨어져 나가는 결론으로 끝나기 때문에 일부일처제의 신화를 낳는다. 인기리에 방영된 드라마 〈장미빛 인생〉 역시 그 공식에 충실한 편이었다. 드

17) Michael Wood, America in the Movies(New York: Columbia UP, 1975), pp.189, 192.

라마의 주 시청자는 여성이었고 연령대는 다양했다. 그러나 주로 두 세대로 나뉜 그들의 드라마를 보는 시각은 판이했다. 부모 세대들은 여주인공의 신산스러운 삶의 여정이 비극적인 죽음으로 마감되는 것에 가슴 아파하며 눈물을 흘렸고 젊은 세대는 눈물 흘리는 부모세대를 이해하지 못해 의아해하며 함께 시청을 했다고 볼 수 있다.

시청자들의 집단 심리, 욕망 등을 의도적으로 묘사한다는 점에서 오늘날 드라마는 신화나 민담의 구조와 흡사하다.

〈장미빛 인생〉의 시청률을 40%대로 끌어올린 데에는 몇 가지 원인이 있었다. 여주인공에 캐스팅된 탤런트의 개인적 체험이 드라마의 여주인공이 겪는 삶과 거의 일치한다는 점과 화려하게만 보였던 톱 탤런트가 시청자들과 별반 달라 보이지 않는 부스스한 외모로 매회 등장했다는 사실이었다. 또한, 영상 세대와 활자 매체 세대가 드라마를 공유하게 만든 문화의 핵에 해당하는 스토리에서 마치 성녀와 악녀를 보는 듯한 인물의 대비를 통해 스스로의 삶에 대해 자문하게 만든 점이라 할 것이다.

맹순이와 맹영이

〈장미빛 인생〉의 여주인공이 겪는 삶의 역경은 마치 '불행종합선물세트'와 같다. 누구나 전업 주부가 될 수 있고 남편의 외도를 경험할 수 있다. 이제까지 방영된 수많은 드라마에서 그와 같은 삼각 구도의 드라마를 내보내왔고 그때 마다 그 진부함에 대해 떠들었지만 좀처럼 사라지지 않는 주제이기도 한 것이 흔히들 말하는 불륜 드라마다.

불륜이란, 한 배우자와 그 사회의 약속에 대한 성적 배신행위를 가리킨다. 이에 대해서는 간통죄의 성립에 대한 의견이 분분한 것만큼이나 이견이 많다. 〈장미빛 인생〉에서도 그 문제가 드러나고 있다. 주인공 반성문과 맹순이는 딸 둘을 가진 부부다. 이들은 여주인공에 캐스팅된 탤런트의 개인적 삶처럼 연하남과 연상녀로 만났고 남자 쪽의 열렬한 구애로 결혼했으며 딸 둘을 낳았지만 큰 아이는 약간의 발달장애를 지니고 있다. 맹순이는 남편과의 결혼에 최선을 다하기 위해 알뜰한 살림을 꾸리는 것은 물론이요, 짬짬이 부업도 해가며 38평형 아파트로 내 집 마련에 성공한다. 우리 주변을 돌아보면 어렵지 않게 만날 수 있는 전업주부의 전형이다. 게다가 삼남매 중 맏이로 태어난 맹순이는 어린 시절 생모의 가출로 어머니의 몫까지 대신해서 동생들을 돌보아왔고 알콜 중독자에 가까운 친정아버지의 반찬거리를 해가기 위해 시집 식구와 힘겨운 줄다리기를 하고 산다.

이렇게 주인공 여성의 개인적 삶에 초점을 맞추고 보니 이는 흔한 듯 보이지만 흔하지 않은 성녀의 모델이 되고 있음을 알 수 있다. 시청자의 입장에서 보면 그 다양한 항목 중에 해당되지 않을 사람이 없는 것이다. '불행종합선물세트' 같아 싫다고 말하면서도 쉽게 외면하지 못하는 것은 맹순이의 모습에서 자신의 일부를 만나게 되기 때문이다. 남이 쓰다 버린 립스틱을 주워 쓰고 남편의 낡은 속옷을 입는 것은 물론이요 떨어진 속옷을 기워 입기까지 하는 맹순이의 모습은 조금 지나치다 싶기는 하지만 알뜰 주부의 전형이다. 그런 맹순이에게 결혼 10주년 기념일에 이혼하자고 말하는 남편 반성문의 배신은 타오르는 불에 기름을 붓는 것과도 같다. 그래서 이제까지 텔레비전 화면에서는 좀처럼 보지 못한 맹순이의 맹렬한 구타가 이어져도 오히려 대리 만족을 하며 속 시원해 하는 시청자가 될 수 있는 것이다.

이에 비하면 동생 맹영이는 언니 맹순이와는 행동과 가치기준이 판이하다. 비록 사랑하던 애인을 빼앗긴 처지라고는 하나 이제는 유부남이 된 옛 애인과 만나 섹스를 즐기며 거리낌 없는 연인 사이를 유지하고 있는 듯이 보인다. 또한 커리어우먼인 맹영이는 구질구질하게 사는 맹순이의 삶에 대해 관심이 없는 듯이 행동하며 맹순이의 악착스러움을 때론 비난한다. 맹영이의 이러한 성공에는 언니 맹순이의 헌신적인 뒷바라지가 있었음은 물론이다. 맹영이는 이에 대한 부채의식을 지니고 살면서도 언제나 이기적인 동생일 뿐이다. 전업주부이자 본처의 눈으로 보면 맹영이는 전형적인 악녀다.

〈장미빛 인생〉에 등장하는 또 다른 악녀는 맹영이의 애인인 이정도의 부인 홍장미와 오미자다. 홍장미는 자신이 가진 남다른 조건으로 맹영이의 애인을 가로챈 인물이다. 그렇기에 홍장미의 질투는 맹영이의 불륜에 대한 반감을 오히려 희석시킨다. 그러면서도 맹영이와 이정도의 불륜 현장에 경찰까지 대동하고 나타나는 순간에는 묘한 대리만족을 느끼게 만든다. 홍장미는 사랑 없는 결혼 생활을 하면서도 남편의 약점만은 최대한 이용한다. 이 또한 시청자의 관심과 다양한 볼거리를 제공한 점이라 할 수 있을 것이다.

반성문이 엉클어진 머리와 늘어진 티셔츠 차림에 돈밖에 모르는 맹순이에 대해 질려가던 즈음 만난 오미자는 전형적인 악녀의 모델이다. 유부남을 꼬여냈지만 자신의 요구가 받아들여지지 않자 반성문에 대한 사랑은 간곳없고 조건을 충족시키는 대상을 찾아 떠나버린다. 물론 반성문이 대출해준 돈까지 들고 나간다.

맹순이의 시집 식구들 또한 30년 전 인기 드라마 〈여로〉의 주인공 영구 아내가 겪었던 시집 인물과 그다지 변한 것이 없다. 철없고 사려 깊지 못한 인물이 시누이요, 시집 식구들이다. 이들의 행동이 변화되는 것은 맹순이의 암 투병 사실이 알려지고 부터다. 맹순이가 암에 걸리지 않았다 해도 이들이 심정적 변화를 일으킬 수 있었을까. 불행하게도 수많은 맹순이들에게 현실은 그리 밝지 않다.

여성을 성모형과 악녀형으로 나누는 구분은 지배문화의 뿌리 깊은 관습이다. 바로 그런 이유로 미디어 매체 속에 등장하는 성적 갈등과 모순이 충돌하고 분출되는 장면들은 성 정치학의 뜨거운 전쟁터가 되어왔다. 물론 영상 매체가 등장하기 이전에도 문학을 비롯한 다른 예술 형식 속에서 무수히 재현되어왔지만 대중이 기억하는 것은 대부분 영상 매체 속의 인물들이다. 이는 그만큼 영상이라는 시각매체의 영향이 강력하다는 얘기다.

악녀의 신화적 기원

현대의 대중에 낯익은 악녀 이미지는 세계 도처의 신화들로 거슬러 올라간다. 그 가운데 그리스 신화에 등장하는 최초의 여성인 판도라는 악녀의 원형이다. 판도라는 신들에게 한 가지씩 선물을 받아 완벽한 미모를 갖고 태어난 여성으로 그 선물의 대가를 치르기 위해 영웅 프로메테우스를 파괴해야 했다. 프로메테우스의 파괴는 신의 명령이라는 점에서 그녀의 배신은 자신의 의지를 벗어난 운명적인 것이었지만, 자신의 아름다움을 무기로 프로메테우스를 파멸시켰다는 점에서 그녀는 아름다운 여성의 섹슈얼리티가 지닌 치명적인 위협이라는 신화를 정당화하는 존재가 된다. 결국 그녀는 완벽한 외관 밑에 남성을 파멸시키는 위험스런 충동과 치명적인 독을 감춘 여성의 원형이 되어 수많은 대중문화 텍스트에서 여성에 관한 부정적 이미지와 상상력을 제공해 왔다.[18]

이렇듯 신화에 원형적 모티프를 두고 있는 악녀들은 산업 사회로 접어들면서 더욱 구체적인 형상을 얻었다는 평가를 받는다. 즉 언제 창조자의 통제를 벗어날지 모르는 강력한 기계들에게 느끼는 남성들의 공포와 불안이 여성의 성에 대한 남성의 공포라는 측면에서 재 투사되면서, 기계와 여성, 자연은 자연스럽게 근대 남성 주체의 대상화된 타자들로 연결되었다는 것이다. 공적 영역에 진출하는 여성들이 증가하고 이들을 바라보는 남성의 불안감이 증가할수록 악녀 이미지는 다량으로 유포되었다.[19] 1940-50년대 할리우드의 필름 느와르라든지 우리나라에서 1957년도에 만들어진 영화 〈자유부인〉의 예를 들 수 있을 것이다.

1940년대 미국은 대공황의 긴 터널과 전쟁으로 아메리칸 드림이 누더기가 되었고 국가 정체성도 심각하게 뒤틀려져 있었다. 전쟁에 차

18) 맹수진, 「스크린 속의 악녀들」, 『한국 영화 섹슈얼리티를 만나다』, 생각의 나무, 2004, 100면.

19) 맹수진, 앞의 책, 114면.

출된 남성들의 빈자리를 메우기 위해 공적 영역으로 불려간 여성들은 종전과 함께 남성들이 사회로 복귀하면서 그들의 일자리를 빼앗은 적대적 경쟁자 취급을 받았다. 이러한 불안은 앞 다투어 영화 속에서 형상화된다. 악녀로 화한 여성의 처벌은 계급 이데올로기 속에서 은폐될 수밖에 없었다.

1950년대를 지배한 혼란이 저물 무렵 여성들은 가정으로 돌려보내졌고 할리우드의 악녀도 거의 대부분 사라졌다. 그러나 한국의 악녀 이미지들은 50년대부터 생겨나기 시작했다.

한국 영화에서 본격적인 악녀의 등장을 알린 최초의 작품은 〈자유부인〉이다. 여성의 몸이 당대의 사회, 문화, 정치, 경제적 모순이 집약된 전쟁터였음을 극명하게 보여주는 사례로서, 명망 있는 교수 부인의 외도를 소재로 해 당시 지식인 사회에 엄청난 파장을 불러온 이 작품은 여성의 사회 진출과 경제적 독립을 성적인 타락과 동일시하면서 여성이 전통적인 사적 공간을 나와 공적인 영역으로 들어 갈 때 발생할 수 있는 문제를 가능한 부정적인 상상력을 동원하여 묘사한다. 물론 이러한 내러티브에는 보수적이고 성차별적인 이데올로기가 작동하고 있다. 마지막 순간에 정부와 남편에게 버림받고 굳게 닫힌 대문 앞에서 쓰러져 우는 장면은 응징과 처벌의 진부한 공식을 반복한 것인데 이러한 공식은 불행하게도 90년대에 와서도 되풀이 된다.

IMF 사태를 맞아 가족 해체 위기, 실직한 가부장의 권위 실추 등이 긴박한 사회문제로 떠오르던 때에 나왔던 반여성주의적 영화 〈해피엔드〉가 그랬다. 결국 이 영화에서도 '모성'의 문제가 위력을 발휘하고 아내의 외도는 용서할 수 있지만 모성을 저버린 것만큼은 용서할 수 없다는 남편은 아내를 무참히 난도질하여 살해한다. 영화는 남편의 완전 범죄를 허용하여 살인 범죄에 면죄부를 발부함으로써 한국 영화의 뿌리 깊은 여성혐오적 무의식을 반복한다. 1950년대 〈자유부인〉에서 아이를 방치하고 외도한 대가로 잠긴 문밖에서 눈을 맞으며 떨어야 했던 오선영의 처지와 비교할 때 1998년 〈해피엔드〉의 최보라의 처지가 결코 낫다고 할 수 없을 것이다. 이러한 사회적 분위기에도 불구하고 영상 매체 속 여성의 이미지들은 조금씩 변해 왔다고 할 수 있다. 그러나 안방극장이라는 텔레비전에서는 그리 큰 변화가 없다. 〈장미빛 인생〉에서도 여성의 이미지들은 그리 진보된 모습을 보여주지 못한다. 남편의 외도 현장에서 정부의 머리채를 잡아 흔들던 예전 모습에서 그리 탈피하지 못하고 있기 때문이다. 2005년도의 지형이 웰빙 바람과 함께 건강에 관심을 가지기 시작한 때라 그런지 텔레비전 앞에 앉은 모든 이들의 육체적 건강과 정신적 건강을 백화점 식으로 점검하게 하는 선에서 그치고 있다.

그러나 어떠한 상황에서도 불륜은 여전히 사회악으로 규정 되고 있다. 맹영이가 이정도와 홍장미 앞에서 굴욕적으로 내몰릴 때 맹영이가 본 것은 홍장미를 대하는 이정도의 모습이었다. 맹영이는 그 순간 자신의 당당했던 지난 시간들에 대해 회의하기 시작한다. 당당했던 악녀가 사라지는 순간이다. 이후 변화된 맹영이에게는 과거의 잘못에 대한 처벌 대신 능력 있는 연하남 '개뼉다구 지박사'라는 면죄부가 주어진다. 이 시대의 젊은 세대에게는 환상을 심어주기에 족한 사례라 할 수 있을 것이다. 그들을 연기한 탤런트들이 드라마가 끝난 뒤에도 염문설이 오갈 정도의 인기를 누리는 것은 남녀의 만남을 쉽게 생각하고 사랑이라는 명분이라면 유부남이라 해도 갈라서게 만들면 될 것 아니냐는 등의 가벼운 애정관을 지닌 신세대에게는 마음에 드는 면죄부가 될 수 있기 때문이다. '람보'가 이 시대의 신화적 인물이 될 수 있었던 것처럼 드라마 속 인물들은 일정기간 시청자들의 뇌리를 가득 채우는 신화적 존재가 된다. 과거 어떠한 잘못이 있었다 해도 모두 용서하고 여성으로서는 의기소침해질 수밖에 없는 나이마저도 문제 삼지 않는 연하남의 구애는 이 시대의 젊은 여성에게 환상을 심어주기에 충분하다. 현실이야 어찌 되었든 시청자는 드라마 속 인물을 꿈꾸고 즐긴다. 〈장미빛 인생〉의 시청률이 끝까지 유지될 수 있었던 것은 이런 인물들의 등장이 기여한 바가 컸기 때문이라 볼 수 있다.

남아 있는 또 하나의 악녀가 맹순이의 생모다. 영화 〈해피엔드〉에서 아이를 버린 최보라가 남편의 손에 무참히 살해되는 벌을 받았다면 〈장미빛 인생〉에서 맹순이의 생모는 매 맞는 아내로 고단한 삶을 살아가야 하는 벌을 받고 있다. 죽어 지옥불에 떨어지는 것이 아니라 살아 있어도 지옥을 사는 것이다. 술주정뱅이에게 매를 맞다 피해 도망하든, 외간 남자와 눈이 맞아 나가버렸든 아이를 버린 여자는 모두 불행하게 되는 공식은 철저히 지켜진다. 지독하게 불행하게 살거나 아주 잘사는 듯이 보여도 가슴 속에 한을 품은 여자로 그려질 수밖에 없다. 버림받은 딸인 맹순이의 입장에서는 어머니의 몫을 고스란히 감당해야 했기에 그리움보다는 원망의 상처가 더 깊다. 가슴에 박힌 못은 빼어낸다 해도 그 자리는 남게 되기 때문이다. 그런 치명적 상처의 제공자는 어미 앞에서 죽는 자식의 모습을 봐야 하는 가혹한 벌을 받는다. 그러나 이 모든 것이 아이를 버린 비정한 어미라는 악녀가 받는 벌이라는 사실에 대해서는 처절한 참회의 대사 속에서 적당하게 은폐되고 있다. 유부남을 사랑하는 두 악녀의 모습이나 맹순이 가족을 버린 생모나 모두 생활 전선에서 각자의 능력으로 생계를 책임지고 있는 경제력 있는 인물이라는 점도 살펴 볼만하다.

영화와 텔레비전 드라마는 '영상'이라는 면에서는 같지만 영화가 인간의 이상을 표현하고 텔레비전 드라마는 사회 현실을 비추어준다는 점에서는 차이를 보이고 있다. 다음은 영화가 흥행성과 작품성을 저울질하며 만드는 것에 비해 텔레비전 드라마는 공공성과 시청률을 의식하며 만든다는 공식을 잘 나타낸 글이다.

드라마는 인간에게 꿈과 거울을 준다고 한다. 누군가 TV 드라마를 꿈과 거울 사이에 가로놓인 무지개라고 표현하기도 했다. 꿈(理想)과 거울(現實)의 기준에서 본다면 영화는 아무래도 꿈의 요소가 강하고, TV 드라마는 사회를 비추는 거울로서의 요소가 강한 것이 아닐까?[20]

영화보다도 드라마가 사회 현실이나 그 시대가 용인하는 대중의식을 좀 더 강력한 기제로 반영시킨다는 뜻이 되고 있는 것이다. 카우치의 전라 사건은 텔레비전 화면에서는 프로그램이 폐지될 정도의 문제가 되기도 하지만, 선택된 관객 앞에서의 연극 〈오월의 신부〉에 등장하는 전라배우는 전혀 문제되지 않는 것과 같은 맥락에서 이해될 수 있는 문제라 생각된다.

앞에서 살펴보았듯이 〈장미빛 인생〉에 등장하는 다양한 인물들은

20) 최상식, 『TV 드라마 작법』, 제 3기획, 1994, 163면.

몇 개의 삼각구도와 성녀와 악녀, 신세대와 구세대의 사랑, 본처와 후처 등의 대비를 통해 삶의 양상을 총망라하듯 보여준다. 지금 세대는 그런 인식의 다양함이 혼재하는 시대임에 분명하다. 경제적인 측면에서 빈부의 격차가 큰 것처럼 사랑에 있어서도 그렇다. 삶의 복록에 있어서는 말할 것도 없다.

이런 다양한 양상을 보이는 주변 인물들에 비하면 맹순이의 성녀로서의 삶은 지나치게 신산스러우면서도 외딴 섬처럼 주변과 고립되어 있다. 그녀는 능력 있는 잘난 남동생을 믿고 있었지만 매몰차게 외면당한다. 결국 아버지의 봉양도 자신의 몫이 된 것이다. 막노동꾼이었던 알콜중독자 아버지를 복지시설에 보내기 위해 대리운전까지 하고 아이 둘을 건사하며 주부로서 딸로서 아내로서 최선을 다하려 하지만 그녀 앞에 놓인 삶은 죽음뿐이다. 탐욕은 죄악을 낳고 죄악은 죽음을 잉태한다는 류의 고전적인 공식은 이제 사라져버렸다. 원래 삶의 속성이 그러했음에도 도식적인 과거의 공식에서 탈피한 듯이 보이는, 그래서 좀 더 현실적이라는 이 시대의 드라마가 훨씬 잔인해 보인다.

〈장미빛 인생〉에 나타나는 정서는 문학비평가 라이오넬 트릴링의 미트리다테스적 기능을 연상케 한다. 비극을 보면서 비극에 대한 순응력을 키워간다는 것이다. 이와 달리 아리스토텔레스는 '카타르시스' 이론에서 비극이 인간의 억압된 정서를 해소시키는 기능을 갖고 있다고 했다.

삶의 속성이 그렇듯 '웰빙'이라는 말 속에는 역설적인 뜻이 숨어 있다. 잘 사는 이의 화사한 면만큼 많은 이들이 비극적인 죽음을 맞이하고 있다는 말인 것이다. 실제 암 병동에서 죽어가는 말기암 환자들

중에는 맹순이만큼의 호사를 누리지 못하는 이들이 대부분이다. 과거 자신의 삶이 어떠했든지 간에 맹순이의 남편 반성문처럼 아내의 말기 암 선고 앞에서 처절한 반성문을 행동으로 그려 보이는 이를 찾아보기 힘들기 때문이다. 아직도 가장에 대한 권위나 예우로 아비의 병실을 지키는 이는 많지만, 실제 늘 보살핌을 주던 아내나 어머니의 병원 신세는 가족 모두에게 귀찮고 힘든 일로만 되어 있다. 믿고 싶지 않지만 실제로 투병 기간이 길어지면 모두들 싫은 내색을 하며 빨리 끝나기를 바라는 경우가 더 흔하다. 그러니 반성문의 행동은 또 하나의 신화가 되는 것이다.

악녀의 이미지든 성녀의 이미지든 이 시대를 살아가는 이들에겐 삶이 버거울 수밖에 없다. 웰빙이라는 말을 수없이 듣고 사는 현대인들이지만 거의 대부분 자신들의 삶과 밀착되게 느껴지는 말은 아니다. 아무리 종합선물 세트 속에 과자가 많아도 풍선껌이 없으면 허전한 것처럼, 〈장미빛 인생〉에서 그려진 다양한 삶의 양상들은 보는 이의 마음을 가득 채우지 못한다. 여전히 되풀이되는 불안하고 불가해한 삶에 대해 우리는 어쩌면 이런 최악의 면역주사를 택한 것인지도 모른다.

이쯤에서 1999년의 괴테 탄생 이백오십 주년과 함께 논의되었던 〈파우스트〉의 여성 인물에 대한 몇 가지 문제점에 대해 짚고 넘어가야 하지 않을까 싶다. 괴테가 평생을 두고 만들었다고 해도 과언이 아닐 〈파우스트〉의 등장인물인 여성에 대한 해석의 문제이다. 악마와의 계약으로 인한 온갖 악덕과 타락의 경험 끝에 파우스트는 자신이 파괴했던 바로 그 여성에 의해 구원받는다. 영원히 여성적인 것이 우리를 구원한다는 천사들의 합창이 그의 구원을 둘러싸고 울려 퍼지는 가운데 희곡은 막을 내린다. 남성으로부터 배신당하고 죽음을 맞이한 여성이 사랑의 힘으로 남성을 용서하여 그를 천상의 세계로 인도하는 지극히 아름다운 이야기다. 이러한 사실을 두고 남성들은 괴테의 위대한 페미니즘이라고 칭송한다. 문제는 바로 여기에 있다. 사랑의 힘으로 인간의 영혼을 악마로부터 구원한다는 것은 얼마나 거룩한 일인가. 그러나 왜 그것이 굳이 늘 여성이기만 해야 하느냐의 문제가 하나 있고 여성이 죽음에 준하는 희생을 치름으로써 거룩한 여성으로서 추앙을 받는 것이 대단한 페미니즘이라고 칭송받을 수 있느냐 하는 것이 두 번째 문제점이다. 그렇게 따지고 들자면 이런 공식에 들지 않는 고전은 거의 없다. 사형 당한 〈테스〉의 여주인공도 그렇다. 성적인 타락을 경험하고도 죽지 않는 여성은 D.H. 로렌스의 〈채털레이 부인의 연인〉과 나다니엘 호오도온의 〈주홍글씨〉에 등장한 여주인공들뿐일 것이다. 물론 호오도온의 경우에는 '주홍글씨'를 평생 달고 살게 함으로써 죽음보다 더 가혹한 형벌을 받게 한다. 그러나 두 작가는 모두 기소되었고 D.H. 로렌스만이 작품 속에서 작가의 의식이 덜 개입되어 있다는 미묘한 차이로 유죄 판결을 받지 않았다. 하지만 그 시대의 요구에 반하는 인물을 주인공으로 내세운 대가는 혹독하게 지불해야만 했다.

드라마 속 '삼순이'도 크게 다르지 않다. 성적인 타락의 문제와는 거리가 있지만 멜로드라마의 속성인 상황의 양극성을 넘어서지는 못했다. 매회마다 남자를 때려주는 장면과 속사포처럼 터져 나와 가려운 곳을 긁어주는 대사로 부분적인 대리만족을 주었다고는 하나 마지막 장면에서 보듯 조건의 차이를 극복할 수 있을 지에 대해서는 유보한 채 극을 끝내버렸다. 여전히 우리들 삶의 이면에 그림자처럼 드리워진 거대한 이데올로기의 그늘이 사라지지 않고 있다는 것을 보여주고 있는 것이다.

텔레비전 드라마에서 멜로드라마의 속성을 만남과 이별의 우연성(우연한 선택, 우연한 발견, 우연한 죽음), 인물과 상황의 양극성(부잣집 남자와 가난한 여자, 남과 북, 친일파, 항일파), 삼각관계, 약한 사람을 위한 만가, 과거지향성 (숨겨진 과거나 과거의 실수등이 결정적 변수로 등장), 비약과 통속이 주가 되는 비현실성과 허구성, 해피엔딩 등이라고 오명환은 지적[21]한다. 이처럼 사회가 공유하는 의식 속에는 '여성의 희생적 삶이 완결성을 갖게 되는' 모호한 공식이 좌정하고 있다. 맹순이가 암에 걸리지 않고 오미자가 사라지지 않았다면 반성문은 어떤 행동을 보였을까. 반성문은 비록 암에 걸린 사실을 몰랐을 때이기는 하지만 맹순이를 잔인하게 구타하며 거머리 보듯 혐오했던 인물이다. 사랑의 속성이 그렇듯 대부분 처음 반할 때의 모습부터 보기 싫어진다고는 하지만 철없고 사려 깊지 못하며 충동적인 인물이기에 아내의 암 투병 사실에 충동적으로 반성한 것인지도 모른다. 그러나 실제 삶에서 맹순이들이 모두 암에 걸리지 않을 확률은 훨씬 높다. 반성문처럼 태도가 급변하여 맹순이가 돌려받은 까페 '장밋빛 인생'에서의 화사한 시간을 누릴 확률은 더욱더 희박하다.

그러나 이 모든 의심들은 여자라는 개념이 아니라 영혼의 안식을

21) 오명환, 『텔레비젼 드라마의 사회학』, 나남, 1994, 203-210면.

주는 고향의 의미를 지니는 신화로 존재할 수 있을 때 대립항의 예각들은 수용 가능하게 될 것이라 생각한다. 여성이란 성별의 문제가 아니라 남녀 모두에게 공동으로 함유되는 상징적 기표로서 존재해야 하는 것이다. 토릴 모이가 쓴 「성과 텍스트의 정치학」에서 보면 리얼리즘에서 금과옥조로 여기는 총체적인 인간상과 삶의 개념이, 더 나아가 전통적 휴머니즘 개념 자체가 가부장적 이데올로기와 연속선상에 있다고 비판한다. 전통적 휴머니즘이 설정한 보편적인 인간이란 결국은 성적인 타자가 배제된 "보편적인 남성상"에 지나지 않는다는 것이다.[22] 여성을 여성으로서 옹호하는 것이 필요함을 인식하면서도, 모이는 본질론적 여성 자아를 채택하는 것은 가부장제가 설정해놓은 형이상학을 그대로 본받는 것이라 주장한다.[23]

2005년도의 〈장미빛 인생〉에서도 〈파우스트〉의 구도와 그리 달라 보이지 않는 것은 유감이다. '개똥밭을 굴러도 이승이 낫다'는 옛말을 빌리지 않더라도 맹순이의 죽음이 필연성을 지니는 것인지에 대해서는 의문이다. 수많은 반성문들에게 맹순이의 죽음을 보여주며, '당신 아내도 그럴 수 있으니 일찌감치 회개하고 변화하라'는 의도의 메시지를 전하는 것이 목적이었다면 너무 진부하다. 어쩌면 현실은 맹영이처럼 철저하게 전투적인 능력을 갖추고, 이기적인 삶을 살아야 지박사 같은 연하남을 만나 행복한 삶을 살게 된다는 설정이 더 설득력을 가지는 지도 모른다. 맹순이의 죽음 앞에서 수많은 시청자가 눈물을

22) Toril Moi, Sexual Politics: Feminist Literary Theory (London & NewYork: Routledge 1985), p.8.

23) 같은 책 13면.

흘리는 것은 주인공의 죽음이 슬퍼서라기보다는 울고 싶던 차에 뺨맞는 기분이 되어 각자의 가슴 속에 내재된 서러움을 눈물로 쏟아낸 것이라 볼 수 있다.

드라마의 속성이 그렇듯 〈장미빛 인생〉에 등장한 인물들이 카타르시스적 역할과 미트리다테스적 역할은 충실히 이행했을지 모르나 그런 류의 대리 만족은 한 순간의 환상처럼 사라져버린다. 그런 점에서 맹순이는 그저 눈물과 분노, 이해와 용서라는 기제만이 설정되어 있는, 아이덴티티가 제거된 인조인간처럼 보인다. 맹순이는 작가의 지시대로 고단한 삶의 짐만 주렁주렁 짊어지고 있을 뿐 자신의 정체성에 대한 자각이 없다. 어머니로서, 아내로서의 여성적 삶이란 원래 그런 것이라는 단정이라면 억지스럽다. 〈장미빛 인생〉은 그런 점에서 이에 대한 비판적 사고의 출발점을 제공해주는 작품이라 할 수 있을 것이다.

석중이 부르는 사랑의 노래

〈너는 내 운명〉(2005)

사랑은 수많은 사람들이 노래해 왔고 지금도 노래하고 있다. 그러나 제대로 된 진실한 사랑을 하는 이들은 그리 많지 않다. 처음 그들이 사랑을 만들어갈 무렵에는 운명적인 사랑이 왔다고 자신 있게 말하지만 실은 대수롭지 않은 장애 앞에서도 다들 어이없이 무너지게 마련이다. 지금 이 순간도 수많은 남녀가 이별을 하고 새로운 만남을 시작한다. 그러나 얼마 지나지 않아 그 사랑은 변해버린다. 무엇 무엇이 우리 앞을 가로막고 있다며, 그래서 어쩔 수가 없다며.

영화 〈너는 내 운명〉에서 석중은 은하에게, 은하는 석중에게 신화적 인물이 된다. 그들은 서로가 모두 세속의 그 어떤 곳에서도 만날 수 없었으나 가장 만나고 싶었던 인물이기 때문이다. 석중은 서른여섯의 나이가 되도록 자신이 진심으로 사랑할 수 있는 끌리는 여성을 만나지 못했다. 석중은 내세울 것이 없는 나이든 농촌 총각이라는 척박한 현실에 놓여 있었기 때문이었다. 그러나 석중은 언제나 운명 같은 여성을 만나 행복하게 사는 꿈을 꾸며 살아간다. 은하 또한 마찬가지다. 결혼은 꿈도 꿀 수 없는 현실이었기 때문에 그 누구에게도 내

색할 수 없었지만 실은 평범한 사람들이 누구나 쉽게 누리는 그 꿈을 간직하고 살아왔던 것이다. 그런 그들이 운명적으로 만났다. 그들에게 사랑이 싹트는 것은 지극히 당연한 일이고 어쩌면 대수로울 것이 하나도 없다. 그들에게 어떤 장애가 오든 진심으로 사랑하는 그들에게 장애가 될 수는 없기 때문이다. 사랑의 감정은 그런 것이다. 살아가면서 사랑이 변한다고 말하는 것은 그들이 운명적인 진실한 사랑을 처음부터 하지 않았기 때문이다.

은하처럼 인신매매단에게 끌려가 어쩔 수 없이 매춘에 시달려온 여성이라면 누구나 자포자기 상태에서 희망을 버리게 된다. 그러나 그것은 거짓으로 드러내 보이는 가식적인 행동일 뿐이다. 그들의 마음속에도 자신의 삶을 지우개로 지우듯이 지워버리고 말끔하게 시작하고 싶은 희망이 늘 살아 퍼덕이고 있는 것이다. 그런데도 세상 사람들은 그들에게 언제나 모든 꿈을 버리라고만 말한다. 오르지 못할 나무는 쳐다보지도 말라고. 어디 그뿐인가. 우리는 어처구니없는 잣대로 수치를 측정할 수 없는 것들까지 수치로 정하려는 어리석은 행동을 한다. 마치 우리가 숨 쉬는 공기나 흘러가는 강물조차 알사탕이나 연필처럼 분류하고 계산하려 한다.

아메리카 인디언 추장이 살아 있어 우리를 본다면 아마 우리의 사랑법 또한 참으로 기이하게 바라볼 것이다. 다 제쳐두고 사랑 하나만 보더라도 지금 우리의 잣대는 우스꽝스럽기 짝이 없다. 결혼 적령기라는 말만 해도 그렇다. 마치 발정기의 동물처럼 결혼 기간 혹은 결혼에 임하는 나이를 정하다니 말도 안 되는 잣대가 아닌가. 그런 기준이라는 것은 확률은 조금 높았을지 몰라도 원래 현실성이 없었다. 남녀

나이 차이나 국경이나 인종이나 재산, 지위 또한 마찬가지다. 그래도 우리는 그 근소한 말도 안 되는 이유를 들먹이며 사랑을 할 자격이 없는 사람이 오를 수 없는 나무를 쳐다보았다고 광분한다.

〈너는 내 운명〉에서 은하에게 세상 사람들이 그렇게 말한다. 은하에게 놓여진 신산스러운 삶의 조건들은 모두 악재가 되었고 사랑하는 사람과 함께 하지 못하는 필연적인 조건이 된다. 그러나 석중이나 은하, 그들 둘에게는 전혀 문제 될 것이 없다. 원래 사랑은 그 어떤 외적인 조건 따위는 문제가 되지 못하기 때문이다.

요즈음 많은 사람들이 이혼을 한다. 사랑하는 이들의 사랑이 쉽게 식어버리고 사랑했는데도 그 사랑이 변하고 어쩌고 하는 것은 사실 잘못 표현되고 있는 것이다. 그들은 사랑을 했지만 변한 것이 아니라 진실한 사랑을 처음부터 하지 않았던 것이다. 진정으로 사랑하는 사람들은 그 어떤 조건 앞에서도 굴하지 않는다. 이 세상의 많은 사랑하는 사람들은 그들이 지닌 외적 조건들을 단숨에 넘어선다. 수십 년의 나이 차이, 빈부의 차이, 국경이나 이념의 문제, 인종, 외모의 문제 등등 진심으로 사랑하는 사람들에게는 처음부터 문제가 되지 않는다. 그런데도 어리석은 우리는 늘 말도 안 되는 잣대 앞에서 어이없게 무너진다. 그리고 진실한 그들에게 비난의 잣대나 비아냥의 시선을 보낸다. 그래서 〈너는 내 운명〉의 존재 이유가 성립되는 것이다. 우리는 너무 자주 망각하고 자주 어리석음을 범하기 때문에.

〈너는 내 운명〉에서 석중이 아름다운 것 또한 그 때문이다. 은하와의 행복한 시간을 위해 은하가 출소하는 날 트럭을 몰고 와 형무소 앞에서 눈사람을 만들고 눈 속에 뒹구는 모습은 지극히 당연한 모습임에도 불구하고 너무나 아름답다. 석중의 말처럼 우리는 누구나 죽을 운명이고 그래서 행복한 사람과 함께 살다가 죽는 것은 당연한 일이다. 석중의 아름다운 선택 앞에서 우리가 눈물 흘리는 것은 너무도 용기없는 자신의 선택에 대한 그 회한이 서러워서가 아닐까.

연애에 목적은 없다

〈연애의 목적〉 (2005년)

〈연애의 목적〉은 연애에 있어서 목적의 무의미함을 드러낸 영화다. 어떤 상황, 어떤 의도가 있어서 불순하게 시작된 만남이라 할지라도 남녀 간의 감정은 본인이 의도한 방향과는 전혀 다르게 진행되어 갈 수 있는 성질의 것이기 때문이다. 영화 속 남녀주인공 홍과 유림의 만남은 그들 스스로가 의식하기에는 일탈에 가까운 가벼운 것이었고, 또 그렇게 믿고 싶어 했다. 그러나 그들의 의지와는 달리 그들의 몸과 마음은 전혀 다른 곳으로 이동해 가버린다. 세상사가 그렇듯이 대부분의 평범한 사람이 살아가는 이 인간 세상이란 데가 원하는 것을 다 들어 주는 곳이 아니기 때문이다. 각자의 파트너는 흔히들 말할 때 좋은 조건을 갖춘, 당사자들에게는 과분할 정도의 외적 조건을 갖춘 사람들이다. 세상사의 논리에 따르면 그들은 안정적인 미래를 보장받은 것이나 다름이 없는 것이고, 그 규칙에 순응하는 것은 지극히 정상적인 경우에 속한다. 그러니 그런 세속의 논리를 거스르는 순간 정신이상자 혹은 아웃사이더가 될 수밖에 없다. 세상 사람들은 알게 모르게 그런 질서를 강요하고 있고, 대부분의 사람들은 그런 분위기 속에서

안주하기를 원한다.

인간의 마음속에는 늘 그렇듯이 선과 악의 감정이 공존한다. 어쩌면 선과 악이라는 잣대 또한 무의미한 것일지도 모른다. 옳고 그름이라고 분류하기보다는 이성에 의해 냉철하게 질서에 순응하는 경우의 선택을 하는 것과 감정에 의해 충동적이고 욕망에 순응하는 경우다. 도둑질이나 살인강도 또한 욕망을 추스르지 못한 결과이니 그 또한 악으로 분류한다. 나와 타인의 관계에 있어서 사려 깊지 못한 이기적인 행동을 하는 것은 모두 악의 범주에 속한다. 우리는 오랜 세월 동안 그렇게 약속했고 그것을 지키기 위해 노력해 왔다. 그러나 약속이나 규범을 지키지 못한 자들의 기록 또한 오랜 세월 동안 계속되었다. 그렇기 때문에 문학과 예술이 존재해 왔는지도 모른다. 이 세상 모든 사람들이 등을 돌리고 돌팔매질을 해도 그렇게 몰매 맞는 이들에 대한 연민과 사랑의 감정으로 그들의 신산스러운 삶에 리본을 달아주고 위로하는 것, 이것이 예술이라 분류되는 모든 행위이다.

세속의 잣대로 보면 교사인 오랜 여자 친구를 두고 아직 교사가 되지 못한, 소문이 좋지 못한 나이든 교생과의 관계를 이어간다는 것은 부도덕한 일이요, 바보짓이다. 홍 또한 최고의 신랑감이라 할 수 있는 의사 약혼자를 버리고 교사로서도 파면 당한 유림을 선택하는 것은 바보 중에서도 가장 바보짓이다. 그렇지만 그런 선택을 할 수밖에 없는 것이 인간의 감정이 지닌 다양한 무늬가 아닐까. 보이는 것에 목숨 거는 대부분의 사람들에게는 있을 수 없는 불순한 일이겠지만 자신의 감정에 충실해야만 하는 부류에게는 그 또한 진실 일 수밖에 없다. 홍과 유림은 그런 인물들이다.

영화 속에서 만나는 인물들은 대부분 그렇게 현실 속에서 스쳐지나가 버리기 쉬운 제대로 평가받지 못한 인물들이다. 그래서 우리 곁에서 다양한 모습으로 살아왔고 마주쳐왔음에도 불구하고 늘 낯설다. 유림을 파면 당하게 만든 '성폭행' 운운했던 홍의 선택이 낯설게 느껴지는 것도 그 때문이다. 게의 단단한 껍질처럼 견고하게 무장 한 듯이 보이는 그들의 거친 행동 속에는 게의 연한 속살처럼 자신들의 감정이 숨겨져 있었고 결국은 그 진실이 만나게 되는 것, 그 지난한 과정이 영화 〈연애의 목적〉 전체 줄거리이다. 그래서 연애의 감정에는 목적이 있을 수 없는 것이다.

예외 없는 규칙이란 없다는 말처럼 물론 예외의 경우도 있다. 홍이 대학 때 사랑에 빠졌던 유부남 선배처럼 여자를 욕망의 소모품으로 이용한 저질 사기꾼을 만나는 경우도 종종 있으니 말이다. 사실은 그런 악독한 사기꾼이 이 세상에는 훨씬 더 많다. 그만큼 많은 사람들이 사랑의 상처를 안고 산다. 그러니 절실한 연애의 감정을 더 갈구하게 되는 것이다.

〈연애의 목적〉이라는 영화가 만들어진 것도 그런 이유에서 일 것이다. 어떤 상황에서도 연애의 감정만은 숨길 수도 외면하기도 힘드니까 말이다.

남자와 여자, 친구와 연인

〈해리가 샐리를 만났을 때〉 (1989년)

영화 〈해리가 샐리를 만났을 때〉는 연애에 대해 서로 다른 관점을 가진 남녀가 12년 동안 운명적인 만남을 되풀이하는 가운데 벌어지는 사건들을 보여주며 남자와 여자의 정체성을 짚어보게 하는 영화이다.

1989년에 제작된 이 영화는 10년간의 결혼생활을 끝내고 싱글로 지내던 로브 라이너 감독이 자신의 경험담에서 출발하여 남성 캐릭터인 해리를 만들어내었다. 여성 캐릭터를 위해 작가 노라 에프론은 주변의 친구들을 인터뷰하여 날 것 그대로의 대사를 차용하기도 했다.

결국 영화가 보여주고자 하는 것은 성격도 취향도 서로 맞지 않다고 생각하며 설전을 벌이고 아무런 감정 없이 우연처럼 헤어지고 만나기를 반복하는 남녀가 어떻게 사랑에 빠지게 되는가 하는 문제이다.

남녀의 세상사 문제를 바라보는 시선은 다양할 수밖에 없다. 하지만 영화 〈해리가 샐리를 만났을 때〉에서는 연애에 집중하는 남녀를 주로 보여주고 있다. 그러나 남자와 여자는 서로 다른 종이기 전에 모두 존중받아야 할 인간이다. 서로 다른 행성에서 왔다고 표현하는 사람도 있지만 그들이 어떠하든 인간에 대한 예의와 제대로 된 환경에서 제대로 교육을 받았다면 무자비한 언어폭력을 휘두르는 사람도 흉기로 상대를 제압하려드는 정신질환자도 줄일 수가 있을 것이다.

세상에는 80억에 육박하는 사람이 살고 있고 그들은 모두 다르다. 사랑에 빠지는 순간에는 두 눈에 콩깍지가 끼어서 상대를 제대로 보지 못하지만 그러한 병적 상태에서 놓여나는 순간부터 상대의 결점이 보이기 시작한다. 문제는 아무리 인격적인 바탕을 갖추고 있다고 해도 큐피터의 화살이 꽂히지 않으면 관계 맺음은 불가능한 일이 된다는 사실이다. 영화 속에서도 그랬다. 해리와 샐리는 어쩌면 12년이라는 시간 동안 화살이 꽂히는 것과도 같은 순간을 기다려온 것인지도 모른다.

남녀의 문제는 수학 공식처럼 명확하게 답을 낼 수가 없다. 인간의 삶의 모든 양상이 그렇듯이 타이밍의 문제 또한 중요하다. 하필이면 그때 그 순간 그들이 그 자리에 있었다는 것 또한 무시할 수 없다. 그럼에도 불구하고 탐구는 필요하다.

사랑의 감정에 휘둘리는 대상에게 자신의 감정대로만 행동하는 우를 범하지 않기 위해서는 사랑하는 사람이 무엇을 원하는지 어떤 상황을 가장 싫어하고 어떤 상황에서 가장 감동받는지 관심을 가지고 노력하는 자세를 가질 필요가 있는 것이다.

나의 인생에서도 가장 의미 있는 순간은 언제나 섬광처럼 지나가버리기 때문이다. 지나가버린 연인은 쉬이 돌아오지 않는다. 어쩌면 결코 돌아오지 않는지도 모른다. 그렇기에 지금 이 순간에 최선을 다해야 하고 그러기 위해서는 무지몽매하여 자신의 어리석음으로 인하여 소중한 인연을 잃어서도 안 되는 것이다.

영화 속 해리와 샐리는 그런 점들을 세세히 일깨워준다.

제 3세계 여성의 비극을 통해 본 젠더

〈소녀와 여자〉 (2016년)

부계사회의 아프리카에서, 여성의 몸은 아직도 물건에 지나지 않는다. 적어도 남성과 같은 사람이 아니라는 뜻이다. 이미 앞서 살펴본 바와 같이 일제 강점기 하에서 조선의 여성도 매매되고 매춘에 사용되었다. 그러나 2017년을 살아가는 대한민국의 인기작가도 여성을 남성과 같은 사람으로는 생각하지 않는다고 공공연하게 말하고 있지만 그의 책은 여전히 잘 팔리고 있으니 아프리카에서와 그리 다르지 않은 수준의 의식으로 여성을 대하는 이가 많다는 사실을 반증하고 있는 셈이다.

여성의 인권을 이야기할 때면 남성과 여성은 논쟁을 벌이곤 한다. 그리고 함께 나오는 빠지지 않는 문제가 남성들의 군대 이야기이다. 여성의 입대 문제가 들먹여지는 것이다. 여성의 군 입대 문제는 국방의 문제를 여성이 책임지지 못하는 것이 아니라 군부 독재 시절의 남성들이 여성이라는 존재를 미물처럼 생각했고 신성한 국방의 의무는 재수 없는 여자가 가질 수 없는 것이라 생각했던, 당대의 남성의 의식 수준이 결정한 결과이다. 여성의 의견은 물어본 적도 없으니 여성은 그저 일방적인 결정을 바라보기만 했던 것이다. 1980년대 초만 해도 여성은 대기업에 입사 원서를 제출할 자격이 주어지지 않았다. 신발공장이 많았던 부산의 경우 1970년대의 초등학교 졸업생 중에서 여학생 수의 반에 육박하는 인원이 공장으로 들어가야 했다. 여성의 의무를 논하기에는 역사가 홀대를 하여도 너무 홀대를 하였기에 적어도 의무나 책임을 논할 게재는 아닌 것이다.

배나 비행기의 운행도 그러했다. 그 소중한 일은 여자가 운행할 수 없는 일이었다. 항공대와 해양대에 여성을 입학시키지 않았던 것 또한 여자가 타면 재수 없다고 생각했던 결과였다. 그러했던 우리나라의 형편은 지금 해양대에 여성이 입학하고 비행기 운행도 여성이 할 수 있으니 적어도 제도적으로는 많이 나아졌다고 볼 수 있다. 그러나 여전히 오랜 학습의 후유증을 겪고 있는 상황이라 대한민국의 여성은 고군분투해야만 자신의 자리를 간신히 확보해 살아갈 수가 있다. 양성 평등의 문제를 제대로 논의하기에는 남녀 모두의 마음 속 장벽이 너무 높다.

수십 년의 투쟁의 결과에도 이러할진대 고요히 잠자던 제 3세계에서 가시적인 성취를 하기에는 미루어 짐작만 해보아도 너무 어려운 상황인 것이다. 우리나라에서 70년대까지 생각하고 행동했던 악습의 후유증이 아직도 통용되고 있는 현실을 살펴보면 그들의 미래 또한 그리 밝지는 않다.

우리의 경우 심지어는 1월 1일자 신문에 이름이 걸리는 신춘문예에 여자 이름이 걸리면 재수 없다고 생각했던 작가도 있었다. 김명순의 예처럼 피가 더러워서 강간당했다고 신문에 기고하고 소설을 써서 인격살해를 서슴지 않았던 작가들이 한국 문단에서 숭배해 마지않는 작가군이라 할 김동인, 염상섭, 김기진, 방정환 등이었다.

김동인과 김유정의 작품에서도 아내를 매춘부로 이용하는 모습이 예사로 등장했고 실제로 70년대를 거쳐 오늘날에까지 씨받이는 존재하고 있다. 여성을 남성처럼 존중받아야 할 존재가 아니라 배태하는 동물처럼 생각하기에 씨받이가 되고 매춘부가 되었던 것이다.

여성은 그저 남성의 사랑만 받으면 모든 것을 이루었다고 생각하여 아직도 취집이라는 말이 통용되고 있는 현실을 생각해 보면 여성의 인권을 입에 올려야 하는 우리도 서글픈 현실을 벗어났다고 보기는 어렵다.

서남아시아와 아프리카에서는 여성의 클리토리스를 잘라 성적 쾌감을 도려내고 그들의 성기를 묶어 순결을 입증하는 악습을 현재도 가지고 있다. 순결이 입증돼야만 어른 여자로 인정받을 수 있다. 이른바 할례다.

여성의 욕망을 거세하는 그들의 폭력적인 상황을 생각하면 우리의 질마재 신화가 떠오른다. 첫날밤의 신부를 백골로 만든 남성의 인식에 여성은 남성에 대한 자신의 감정을 행동으로 옮겨서는 안 된다는 선명한 도덕적 기준이 깔려 있었던 것이다.

볼일을 보기 위해 나가려던 그의 옷자락이 문틈에 끼었을 뿐인데 새신랑인 그는 욕망에 달뜬 성급한 신부가 자신의 옷자락을 붙든다고 생각했고 그 길로 나가 다시는 돌아오지 않았다. 신부는 신랑이 돌아오기를 기다리며 그 자리에서 백골이 되었다. 백골이 되어서야 신랑을 만나게 하는 그 참혹한 이야기의 저변에는 여성의 일생의 모든 것이 깔려있다.

이 세상의 모든 신화는 가르치기 위해 만든 이야기이다. 그래서 이효석의 단편소설「메밀꽃 필 무렵」에서도 물레방앗간에서 강간 당하고 사생아까지 가진 여성이 평생을 신산스럽게 살아가고 있음을 아는 주인공은 그 여성에 대한 참회의 의식이 단 한순간도 없다. 다만 시간이 되면 한 번 찾아가볼까라고 중얼거리는 것으로 끝난다. 그러니 정신대로 끌려갔던 나물 캐던 14, 5세 소녀들이 대부분 죽었지만, 마지막으로 끌려가 전쟁이 끝나서 돌아왔던 아이들이 실제 자신의 집 대문 앞에서 얼어 죽거나 굶어 죽었던 것이다. 자신들의 손으로 보냈지만 그 더러운 몸 내 집에 들이지 말라며 자신의 딸들을 그렇게 죽일 수 있었던 것은 남성들의 모순된 인식 때문이었다. 인간의 고정관념과 편견은 그렇게 무서운 것이다.

김효정 감독은 아프리카의 사막을 달리며 그녀들의 삶을 보았다. 타인에게 몸이 정복되고, 타인에 의해 소녀와 여자의 정체성을 허락받는 그녀들의 삶이 안타까웠다. 〈소녀와 여자〉는 그 안타까움이 빚어낸, 한국 최초의 아프리카 여성 할례를 다룬 다큐멘터리 영화다. 그는 기아에 시달리면서, 파리가 얼굴 위에 앉아 있는 아프리카인의 모습을 찍고 싶지 않았다며 그들의 밝은 모습을 주로 찍었다.

한국에서야 여성 할례를 다룬 다큐멘터리가 희귀하지만 해외에서 여성 할례는 이미 흔한 소재이기 때문이다. 그만큼 관련 영상도 많아서, 유튜브에서도 피를 흘리면서 고통을 참고 있는 사람들의 영상을 찾을 수 있을 정도이다. 당시에는 상황을 전달해 대중의 관심을 끄는 것이 목적이었을 때는 그랬다. 그렇지만 이젠 할례 문제를 다른 시선에서 볼 때라고 주장한다.

영화의 오프닝은 소녀가 할례할 동안 바깥에서 사람들이 기다리다가, 할례를 마치고 소녀가 울면서 나오면 마을 사람들 전체가 춤을 추면서 언덕을 내려온다. 이때 소녀의 다리에서는 피가 흐르고 있다.

할례 찬성자들은 가정의 화목, 행복을 목표로 둔다. 비록 영화에는 나오지 않지만 아프리카의 많은 부족이 일부다처제 사회다. 세 명의 아내가 자녀를 셋만 둔다고 해도 이미 가족 구성원이 남편까지 열 명이 넘는다. 이때 누군가 남편을 독점하려고 질투한다면 가정의 평화가 깨지기 때문에 소녀 때 클리토리스를 잘라 버리는 것이다. 클리토리스를 잘라내면 성감을 느끼지 못할 테고, 성적 쾌락을 느끼려 남편을 독점하지도 않게 될 거라는 생각에서다. 아내들이 남편을 두고 싸우지 못하도록 막는 것이다.

몇 달씩 전쟁이나 사냥을 나가야 했을 때는 돌아오니 여자들이 성욕에 차 있더라는 것이다. 만일 여자들이 성욕에 바람을 피우거나 혹은 다른 부족의 침탈로 겁간을 당하면 가정이 무너진다. 그래서 이들은 결혼을 한 여자라도 할례를 해서 음부를 꿰맸던 것이다. 전쟁을 다녀오면 면도칼로 음부를 다시 찢고 삽입을 했다. 그들은 지금도 여성은 처녀성을 해친다는 이유로 교육을 시키지 않는다.

감독은 할례를 하지 않아도, 자신이 아름다운 여자란 걸 깨닫기 바라는 마음에서 영화를 만들었다고 말한다.

3세계 여성들에게는 너무나 뚜렷하게 존재하는 억압이 있다. 산업화되지 않은 나라에서의 원형감옥의 권력(Panoptic Power)은 여성들에게 보다 적절히 사용되곤 한다. 파키스탄, 알제리, 말레이시아의 여성들은 아직까지 직접적인 지배에 종속되어 있다. 파키스탄과 알제리에서는 여성들에 대한 남성들의 권력 행사를 합법화하기 위해 폭력이나 테러가 사용되며 정치적 반대자들을 침묵시키기 위해 강간이 사용되기도 한다. 공적 영역에서 여성의 존재와 인권의 기초가 확립되지 않은 사회였기 때문이다. 남성 세력이 독점화된 상황에서 여성들은 두 가지의 선택을 하게 된다. 하나는 이성과 합리성에 호소하거나 사상과 언론의 자유를 동경하는 지배적인 수단에 직면하는 것이고 다른 하나는 후퇴하고 침묵하는 것이다.

다이어트나 외과적 성형수술 등으로 고통받는 여성들이 증가하고 있으며 이러한 현상은 외부적이거나 폭력적인 강제가 아닌 자기 부과적인 행동들이다. 남성들의 감시(gaze)는 원형감옥처럼 여성에게 작용하며 여성들은 자신들이 보여지는 모습을 의식함으로써 종속이 이루어지게 된다.

제 3세계 여성운동은 법적 개혁과 기본권, 시민적 자유를 얻기 위한 캠페인을 지속하면서 또한 이 집단적인 혁명의 공허함의 가능성에도 대항하여야 한다. 페미니즘의 다원적 표현은 현재 하고 있는 임무를 인식하면서도 변화하고, 극복되면서 재적용되는 권력 기초의 행위들을 인식함으로써 궁극적으로 정치적이고 필수불가결한 것이 될 것이다.

차이와 차별과 화해

〈비밀과 거짓말〉 (1996년)

마이크 리의 영화 〈비밀과 거짓말, 1996〉은 흑인과 백인, 중산층과 저소득층의 삶을 대비 시킨다. 영화는 흑인 가정의 장례식으로부터 시작된다. 양부모의 장례식을 끝낸 흑인여성 홀텐스는 자신의 친부모를 찾기 위해 노력한다. 사회사업가를 통해 자신의 입양 파일 기록을 보게 된 홀텐스는 생모가 흑인이 아닌 백인임에 놀라지만 용기를 내어 전화를 건다. 자신을 버린 데 대한 원망과 생모의 존재에 대한 설렘으로 억누르기 힘든 감정의 동요를 경험하면서도 착잡한 마음을 애써 누르며 생모가 살고 있다는 곳으로 조금씩 다가가기 시작한다.

런던 북부의 낡은 아파트에 살고 있는 생모 신시아는 공장 노동자이다. 생모를 만나면서 홀텐스는 충격과 상처를 동시에 받으면서 연민의 감정까지도 껴안아야 하는 현실에 직면한다. 모든 가정이 그렇듯 생모 신시아를 둘러싸고 있는 가족들은 다양한 대립의 요소들을 보여준다. 공장 근로자로 어렵게 지내온 신시아처럼 그녀의 딸 록산느 또한 거리의 청소부로 힘겹게 살고 있다.

신시아는 록산느에게 아버지도 모르는 실수로 낳은 아이라는 한숨과 짜증을 잔소리로 괴롭힌다. 록산느 또한 엄마의 잔소리를 지긋지긋해하며 서로를 힘들게 한다. 그런 일상 속에서 신시아는 홀텐스와 마주했지만 아이를 버린 잘못으로 선뜻 엄마의 자리에 서지 못한다. 어린 나이에 두 번의 원치 않은 임신으로 가진 아이가 홀텐스와 록산느였다. 홀텐스는 입양을 했으나 전문직 여성으로 잘 자랐고 어렵게 키운 록산느는 잘 자라지 못했다. 남편도 없이 여자 혼자서 가정을 꾸리는 것도 힘든데 딸 록산느는 엄마와 대화도, 접촉도 원하지 않는다. 신시아는 외롭고, 서글픈 삶을 살아가는 중이었다.

신시아와 남매지만 모리스는 사진 촬영 스튜디오를 가진 중산층의 삶을 살아간다.

모리스는 겉으로는 부족할 것 없이 넉넉하고 여유로운 삶을 살아가는 듯이 보이지만 아내가 아이를 가질 수 없어 힘들고 팍팍하긴 마찬가지다. 사진사로 일하면서 타인의 행복한 순간을 담기 위해 노력하지만 정작 자신의 감정은 메말라간다. 대다수의 사람들이 그렇듯 그들도 말하지 못한 응어리를 가슴에 품고 산다.

홀텐스 역시 갑작스런 양 엄마의 죽음과 친엄마와의 만남에 혼란스럽다. 더욱이 친엄마를 찾을수록 새롭게 알아가는 사실에 무너지면서도 친엄마라는 존재가 주는 따뜻함을 서서히 알아가게 된다.

웃음을 잃은 조카 록산느가 웃는 모습을 보고 싶다면서 모리스가 마련한 21번째의 생일 파티에 신시아는 홀텐스를 공장에서 같이 일하는 동료라 속이고 초대를 한다.

비밀과 거짓말로 얽혀 모두가 고통스러웠던 파티였지만 오해와 원망은 결국 진실을 통해 하나씩 풀린다.

영화는 가진 자의 특별할 것 없는 평범한 일상이 가지지 못한 자의 결핍과 어떻게 충돌하며 대립하는 지를 세세히 보여준다. 일상화된 구차한 삶이 개개인의 일상에 어떤 그늘을 만들어 가는지, 그러한 문제들이 인간관계에 어떻게 작용하는 지에 대해서도 비밀과 거짓말을 통해 보여준다. 각자가 누리는, 혹은 결핍으로 인해 자존감을 상실할 수밖에 없는 삶이 건강한 정체성을 지탱하는 데에 어떤 방해 요소가 되는지에 대해서도 잘 보여준다.

생모를 찾은 호텐스는 자신의 생모가 백인임에 놀라기도 했지만 그들의 오래된 가난이 한 가족으로 관계 맺는 데에 어떤 장벽이 되고 있는 지에 대해 보여준다. 또한 생모 신시아는 아이를 버린 죄책감에 자신의 감정을 제대로 표현하지는 못하지만 전문직 여성이 되어 나타난 딸과 청소부로 살아가는 거칠고 팍팍한 자신이 양육해온 딸과 비교 아닌 비교를 하게 된다.

평범한 가족의 모임과 대화로 진행되는 영화이지만 많은 것을 생각하게 한다. 90년대를 살고 있는 영국 사람들의 모습과 오래된 영화의 낡은 분위기, 주인공들의 개성이 깊게 다가온 영화, 특히 신시아와 호텐스가 가까워지는 장면이 이 영화가 지향하는 삶이 아닌가 싶다.

더 이상 복구할 수 없을 것 같은 그들은 어느 순간 모든 것을 내려놓고 비밀과 거짓말을 털어놓는다. 그리고 외친다. "마침내 말했군. 세상이 두 쪽 나지도 않네." 그렇다. 그 순간에 이르기까지 힘들고 두렵지만 모든 진실이 그렇듯이 혼란스럽고 상처받았던 시간을 감내하게 되면 아픔은 위로할 수 있는 힘이 된다.

유폐된 타자

〈겨울왕국〉 (2014년)

영화 〈겨울왕국(Frozen)〉은 안데르센의 《눈의 여왕》에서 모티브를 가져온 영화이다. 삼십 년 전부터 구상을 해왔다지만 작품이 완성 된 것은 2013년에 이르러서였다. 영화 〈겨울왕국〉은 미국 월트 디즈니 픽처스와 월트 디즈니 애니메이션 스튜디오에서 제작한 '4D 컴퓨터 애니메이션 뮤지컬 판타지 코미디 영화'라 불린다.

영화를 보는 사람들, 책을 읽는 모든 이들은 자기만의 방식으로 해석할 권리가 있다. 책은 독자에게 가서야 완성되기 마련이고, 영화 또한 감동받은 관객이 비로소 완성하기 때문이다. 영화를 보는 동안 모든 관객은 다양한 체험으로 형성된 자신만의 눈으로 주인공과 동일시하기도 하고 자신의 체험을 바탕으로 분노하기도 한다.

〈겨울왕국〉의 주인공은 마법에 걸린 어린 공주와 그녀의 여동생이다. 영화관에서 마주한 엘사는 병마와 싸우는 연약한 아이와 하루하루 견뎌내야 했던 지난 세월을 떠올리게 했다. 그러나 지금 이 순간 장갑 속에 감춰두었던 엘사의 손가락처럼 희고 가녀린 손가락을 가졌던 나의 큰아이는 하늘나라로 떠나고 없다.

딸아이가 떠난 시간으로부터 점점 멀어지고 있지만 해가 갈수록 그리움이 더해서, 그래서, 무엇을 보든 무엇을 하든 힘이 든다. 의료사고로 중증의 장애를 앓게 되었던 딸아이는 살아 있는 나날동안 장애를 가졌다는 이유만으로 아비에게조차 버림받는 슬픔을 안고서 투명인간처럼 홀로 지내야 했다. 어언 삼십년 동안이나 세상과 격리된 시간을 살았던 아이는 엘사 속으로 들어와 앉았고 나는 홀로 낯선 시간여행을 했다.

영화 속 주인공인 아렌델 왕국의 공주 엘사는 손만 닿으면 눈과 얼음으로 변하는 마법에 걸리는 바람에 부모인 왕과 왕비에 의해 세상과 격리된다. 우여곡절 끝에 자매는 진정한 사랑으로 이루어진 배려와 희생이 마법에서 벗어날 수 있는 열쇠라는 사실을 알게 된다. 그러나 우리는 이 단순하고도 명료한 진실을 영화 보는 시간 속에서 찰나 같은 순간만 느낄 뿐 영화관 밖으로 나오면 말끔히 잊어버리는 마법에 걸린다. 그래서 우리나라의 주택법규에는 장애 앓는 사람들의 시설을 주택가에는 지을 수 없도록 규정하고 있다. 덕분에 빽빽 산골로 내몰렸지만 그곳에서의 삶도 만만치 않다. 그곳에도 사람들은 한둘 집을 짓고 개발되기 시작하면서 장애 가진 몸 불편한 이들을 몰아낼 궁리를 하는 데에 혼신의 노력을 기울이기 때문이다. 이기심이라는 마법에 걸린 우리가 더 사악하다는 생각은 결코 하지 않는다. 나이가 들면 누구나 장애를 경험하게 되는데도 우리는 마치 영원히 늙지 않을 사람처럼 구획정리를 하고 산다.

덕분에 아프지 않은 몸으로 태어났다 해도 부모로부터 버려진 아이들 또한 갈 곳이 없다. 그들은 미혼모의 아이라는 이유만으로 죄도 짓지 않았는데 죄수번호를 가지고 살아간다. 남편에게 매 맞는 아내들도 세상으로부터 홀로 유폐되어 살아가야 한다. 그들은 갈 곳이 없어 매일 매를 맞는 삶을 감내하고 있다. 베이비 박스가 넘쳐나는 것은 미혼모들의 호적에 의무적으로 아이를 넣도록 하는 법을 만든 이후부터이다. 아이가 오른 호적을 부담스러워 하는 미혼모들에 의해 자식들이 더 많이 버려지고 있다. 두 번 죽임을 당하는 일을 감수해야 하는 것도 자세히 들여다보면 이기적이고도 사악한 우리가 걸어놓은 슬픈 마법에 걸렸기 때문인 것이다.

우리가 유폐시킨 얼음왕국에는 수많은 엘사들이 살고 있다. 18세 이상이고 한글이 터득된 장애아들에게는 한글을 안다는 이유만으로 도우미를 제공하지 않는다. 무지와 편견의 마법에 걸린 우리들은 악마가 되어 셈본에 조금 어두운 그들을 무시무시한 마법으로 유폐시킨다. 그들은 결국 죽는 순간까지 홀대 당함으로써 세상과 소통하지 못한다. 하지만 그 뼈아픈 진실에 대해 기억하는 법은 없다. 우리가 마법에 걸려 악마가 되어버렸다는 사실을 인지하지 못하기 때문이다. 그래서 버려진 장애여성들은 국가의 이기적인 지원제도로 인해 몸을 팔도록 강요받는다. 생활보호대상자가 아니면 장기 이용시설에 들어갈 수조차 없으니 그들은 생존하기 위해 매매춘에 사용되는 것이다. 일본의 점령기였던 1920년대에도 여성의 몸은 도구였고, 전쟁 이후 60, 70, 80년대를 지나오는 동안에도 여성의 몸은 거래되었다. 지금, 2017년에도 그렇다.

이 세상은 가진 자들의 번쩍거리는 것들로 뒤덮여 있다. 그래서 마치 모두가 함께 누리는 것처럼 보인다. 하지만 반 지하 쪽방에 유폐된 엘사들은 여전히 오십 년 전의 삶을 살고 있다. 백세 노인이 부산에서만 천 육백 명이 넘게 살고 있기에, 120세를 바라보는 천수의 시대가 왔다고들 말하지만, 대책 없이 거리로 내몰린 오십대 가장들에게 장수는 그저 재앙일 뿐이다. 모두가 똑같은 삶을 살 수는 없지만 많이 가진 자의 나눔이 없이 강자 독식의 지금 이 시스템이 계속된다면 얼음왕국에 갇힌 엘사들로 넘쳐나는 이 사회는 머지않은 미래에 괴멸되고 말 것이다.

행복의 얼굴은 다양하다. 그래서 〈겨울왕국〉은 마법에 걸린 이들에게도 헌신적인 사랑이라는 배려의 열쇠만 있으면 즐거움을 함께 누리는 소통이 가능하다는, 연대와 자매애로 다가오는 영화이다. 하지만 내게는 간절히 원하였으나 단 한 명의 친구도 갖지 못한 채 엄마와 동생만이 함께 한 골방에서 이십 팔년을 살다간 딸아이와 장애를 가진 채 살아가야 하는 이들에게 엘사가 오버랩되어 더 특별했다. 덕분에 아무도 울지 않는 웃음 가득한 극장 안에서 홀로 눈물 흘렸던 영화이기도 하다.

젠더를 바라보는 우리의 시선은 결국 참으로 그 얼굴도 다양한 차별의 문제를 기억해 보고 점검하면서 서로 다른 시선을 가진 우리 모두가 행복한 시간의 주인이 되기를 기원해 보는 논의의 장이 되어야 한다.

참고문헌

강이수,「 미군정기 공창폐지와 여성운동」,『미군정기 한국의 사회변동과 사회사』, 한림대학교 아시아문화연구소, 1999.

강준만,『한국현대사산책 1970년대편 3권: 평화시장에서 궁정동까지』, 인물과 사상사, 2000.

김병익,「삶의 치열성과 언어의 완벽성」,『문학과 지성』, 1974, 여름.

김인환,「통념적인 품위와 본래적인 심정」,『문학과 지성』, 1974, 겨울.

조선작,「영자의 전성시대」, 1973년『세대』게재, 민음사, 1974.

공지영,『무소의 뿔처럼 혼자서 가라』, 문예마당, 1993.

김동인,「김연실전」『김동인, 전영택』, 서울:민음사, 1995.

김경연·전승희·김영혜· 정영훈,「여성해방의 시각에서 본 박완서의 작품세계」,『여성· 2』, 창작사, 1988.

김미현,「영원한 농담에서 새로운 진담으로」,『살아 있는 날의 시작』, 박완서 소설전집, 세계사, 2006.

김말봉,『화려한 지옥』, 문연사, 1951. 서문.

김승현 · 한진만,『한국 사회와 텔레비전 드라마』, 한울, 2001.

김정숙,「공창은 폐지되었는데 사창은 급증」,『우리나라 여성들은 어떻게 살았을까2』, 청년사, 1999.

나혜석,「경희」, 서정자편,『한국여성소설선』1, 갑인출판사, 1991.

맹수진,「스크린 속의 악녀들」,『한국 영화 섹슈얼리티를 만나다』, 생각의 나무, 2004. 10.

문해경,『문학과 영상예술』, 삼영사, 2001.

박현욱,『아내가 결혼했다』, 문이당, 2006.

박완서,『살아 있는 날의 시작』, 박완서 소설전집, 세계사, 2006.

이광호,「그녀들의 위장술, 로맨스의 정치학」,『낭만적 사랑과 사회』, 문학과 지성사, 2003.

서정자,『한국 여성소설과 비평』,푸른 사상, 2001.

송명희,『외로운 사람들』, 서울: 한국문화사, 2011, 머리말.

심진경,「은폐와 투사-남성 섹슈얼리티의 두 가지 존재 방식」『여/성 이론』, 여성문화이론연구소, 2003년 여름호.

오명환,『텔레비젼 드라마의 사회학』, 나남, 1994.

이효석· 김유정,『정통한국문학대계』, 어문각, 1994.

이 경,「1920·30년대 소설에서의 매춘-제도의 거울」,『한국현대문학의 성과 매춘연구』, 태학사, 1996.
장필화,『성에 관련한 여성해방론의 이해와 문제』, 한국여성학회 춘계 학술발표회 발표논문, 1989.
정하은,「반속정신의 금자탑을 세운『화려한 지옥』」,『김말봉의 문학과 사회』, 종로서적, 1989.
정한모,「문학적 모럴리티의 출발」,『세대』, 1965. 2.
최상식,『TV 드라마 작법』, 제 3기획, 1994.
한국여성연구회 문학분과 편역,『여성해방문학의 논리』, 창작과 비평사, 1990.
황정미,「발전 국가와 모성」,『모성의 담론과 현실: 어머니의 성, 삶, 정체성』, 나남출판, 1999.
롤랑 바르트,『S/Z』, trans. Richard Miller, New York : Hill and Wang, 1974.
에드워드 T홀, 김지명 옮김,『숨겨진 차원』, 정음사, 1984.
피에르 부르외디,『텔레비전에 대하여』, 동문선, 1998.
Susan J. Rosowsky, *The Novel of Awakening*, Elizabeth Abel.
Toril Moi, Sexual Politics: Feminist Literary Theory, London & NewYork: Routledge 1985.
Michael Wood, America in the Movies, New York: Columbia UP, 1975.